本书得到国家社会科学基金一般项目

"金融危机扩散指数的编制与应用研究"（13TJ014）资助

JINRONG WEIJI KUOSAN ZHISHU DE
BIANZHI YU YINGYONG YANJIU

金融危机扩散指数的编制与应用研究

顾六宝 等 著

人民出版社

前 言

2007 年，美国爆发的次贷危机引发了前所未有的全球性金融危机，世界各国都受到了不同程度的影响。金融危机在新兴市场国家的蔓延和传染性效应明显增强。作为发展中国家，我国虽然并未受到直接的冲击，但是其引发的国际金融危机大潮仍然对我国经济产生了扩散效应的巨大影响。这种扩散效应的蔓延，引起了我国资本市场的剧烈波动，资产价格下跌造成资本市场的萎缩，资本市场又通过资金流动性等机制传染到我国的实体经济。我国出口增长幅度明显下降、失业率大幅攀升、国内消费疲软、通货膨胀严重、人民币长期承受升值压力、海外融资受到影响，宏观经济出现明显的下行压力。

在经济全球化大背景下，20 世纪 90 年代以后国际金融危机的爆发日益频繁，而当危机爆发后，中国的经济不可能独善其身；作为发展中新兴市场国家的我国也受到不同渠道、不同程度的冲击。每当国际金融危机爆发并大范围扩散后，为了避免经济因为危机而陷入萧条，各国政府一般会从宏观方向采取诸如调息、调率、调税、调整货币政策等应对措施，并通过促进消费和投资来发展经济。然而面对日益蔓延、形势复杂的金融危机，政府采取经验的、传统的应对措施并不一定是最好的选择。因此，掌握金融危机对我国资本市场的影响路径，有针对性地为有效预防和应对金融危机提出政策性建议成为当前时代的紧迫任务。而国内外关于金融危机传导路径和机制的研究主要集中在理论论述方面，国外学者对金融危机传导机制的论述主要体现在国际贸易渠道传染、国际资本流动、经济全球化的季风效应等层面。

针对这一问题，本书通过对金融危机扩散路径的分析和对国内外编制指数方法的梳理，首先阐述金融危机理论和金融危机传导机制理论框架，并就金融危机对我国出口贸易、服务贸易、汇率与资本市场的影响传导路径展开理论和实证分析，对金融危机扩散到我国外贸出口、服务贸易、投资市场、汇率和对外直接投资这五个方面，选取相应指标，运用协整分析和格兰杰因果关系检验分析的方法，分析金融危机对中国金融体系和实体经济存在的传染效应，据此构建金融危机扩散指数的各层次指标并编制分指数。

本书以出口贸易、服务贸易、资本市场的传导路径理论和实证研究为基础，开展指标体系研究。从对外贸易、汇率市场、心理预期和资产价格四个渠道选取了19个代表性指标，对三级指标采用主成分分析方法，对二级指标采用层次分析的方法赋予权重，并采用神经网络系统调整权重。然后，通过总结国内外编制指数的方法，运用评判综合得分构建金融危机扩散综合指数。最后，运用临界值的方法确定金融危机扩散程度的标准值，据此分析各指标受金融危机影响的程度。

为了增强指数编制的客观性，本书采用月度数据和相关的评价指标，以保证指数编制的准确性。在计算金融危机扩散指数的各个子系统综合得分的基础上，描述其发展趋势及受金融危机的影响程度；运用主成分分析法和层次分析法构建了美国次贷危机背景下的金融危机预警模型；并运用阈值法划分预警区间对我国受金融危机影响的程度进行刻画；通过代入历史数据对我国在国际金融危机期间各预警指标的趋势与波动幅度进行检验、评估。最后，对我国近期各预警指标的变动趋势与波动幅度的现实数据进行实测、检验与评估，并据此提出我国应对金融危机的政策工具和政策空间。在对我国金融危机扩散预警总指数的五灯显示系统的测算、监测与分析基础上，提出我国应对国际金融危机扩散的政策工具和一般性政策建议，以及以出口贸易、服务贸易、资本市场、汇率市场为重点领域的政策与建议。

本书从以下几个方面探索创新。第一，提出了金融危机扩散指数测度、检验及综合评价方法。目前尚未检索到国内外对国际金融危机在某一国家的扩散程度综合评价的研究成果，也未见对金融危机在某一国家扩散程度通过扩散总指数来综合测度的研究成果，我国也没有合适的权威指数来对国际金融危机的扩散程度进行评判和发布。本书在对金融危机扩散相关理论、方法的测度、检验及深入研究分析基础上构建了金融危机扩散指数。第二，本书在全面分析金融危机传导机制和金融危机可能的扩散路径基础上，从出口贸易、服务贸易、汇率、资本市场、资产价格、心理预期等渠道全方位测量了美国次贷危机对我国经济直接和间接扩散的影响，并代入历史数据进行了检验；并以此为依据提出了建立金融危机扩散预警指数的方法论框架。第三，本书不仅论证了美国次贷危机对我国宏观经济存在的扩散效应，还从四个方面建立了金融危机预警指数，并把它运用到我国宏观经济形势分析的金融形势预警中；通过大数据中各种即时数据对我国宏观经济趋势进行评估，分析我国中短期内发生不同程度金融危机扩散的可能性及相应的预警区间，并在预警分析的基础上给出有针对性和可操作性的政策工具和政策空间。这对未来我国对国际金融危机扩散影响的监测和防范都具有一定的实践意义和应用价值。第四，在编制金融危机扩散指数评价指标筛选与综合指数体系构建中的权重测度方法中，本书借鉴神经网络系统理论和方法测算其动态权重，并将阈值法确定临界值的方法运用于衡量金融危机扩散程度的分析研究中。

希望本书能够对金融危机扩散相关理论研究有所帮助；对进一步指数编制方法的测度、检验及深入分析有所启迪；对思考未来我国对国际金融危机影响的监测和预防有所借鉴和启发。全书结构分为问题提出、理论分析、实证分析、政策分析四个部分，第一部分包括绪论，第二部分包括第一章，第三部分包括第二、三、四、五、六、七、八章，第四部分包括第九章。

参与课题研究和书稿编写工作的有户艳领、王会强、张敏丽、薛红艳、申超、刘哲言、陈娜、陈婧、张洪源、刘金泽、石小玲、张雅茹、吴祎帆、蒋雨桐、刘少丹、李赛、杜锦锦、张婉双、赵嘉等，他（她）们在课题的申报、调研的组织实施、数据的搜集整理以及专题报告的撰写等方面作出了诸多努力，为本书的成稿作出了大量富有成效的工作，这也是本书相关研究成果丰硕，得到多方认可的重要支撑。

目　录

绪　论

　　金融危机，是指金融资产、金融机构、金融市场的危机，具体表现为金融资产价格大幅下跌或金融机构倒闭或濒临倒闭或某个金融市场如股市或债市暴跌等。而系统性金融危机指的是那些波及整个金融体系乃至整个经济体系的危机，这正是本书要讨论的中心。改革开放以来中国经济开始走向世界，势必会因为世界性的金融危机受到巨大的影响。那么，金融危机是如何影响我国经济体系的？应对这种全球性金融海啸我们又应当采取什么措施呢？这些正是本书要讨论验证的问题。

　　本章首先介绍了本书的研究背景和意义，分析展示了最近二三十年来金融危机的情况。之后对国内外对于金融危机研究现状进行了综述，并阐述了本书的研究内容、结构及技术路线，介绍了主要概念释义，并在章节的最后列出研究数据来源。

第一节　研究背景和研究意义

一、研究动机

20 世纪 90 年代以来，全球发生过三次大的金融危机，分别是 1990年起自日本的泡沫危机、1997 年起自东南亚的金融危机和 2007 年始自美国的次贷危机。其中，后两次金融危机，虽然在发生背景、发生根源、传导路径及各国的应对政策等方面存在明显差异，但都对中国经济产生了冲击和不同程度的扩散作用，对中国出口贸易、资本市场等产生了较大影响。

金融危机在不同国与国之间、地区与地区之间进行传播和扩散，引起各国汇率剧烈波动和金融市场秩序混乱、实体经济下滑，并造成各国和地区之间的连锁反应。近30年来中国整体经济飞速发展，尤其是在2005年、2006年发展得最快（即金融危机爆发前），但是在金融危机爆发后（2007年）经济开始出现下滑，说明中国的整体经济受金融危机的影响是比较严重的，使中国的宏观经济面临着更加严峻的挑战。

伴随着经济全球化及金融全球化，我们无法避免金融危机的冲击，只能积极应对。面对日益蔓延的金融危机，降息、货币贬值、减税、增加投资等传统的应对措施，效果并不十分理想。需要从整体上评价国际金融危机扩散对我国的影响程度，并从不同的传染渠道、角度分析金融危机对我国不同行业、不同区域实体经济产生的影响；并进一步研究提出我国应对金融危机的政策空间。

二、本书选题的价值和意义

本书以全球金融危机传导机制为依据，首次编制金融危机扩散指数，探寻综合评价某一国家或全球金融危机爆发后对另一国家影响和扩散程度的新方法；并用以分析金融危机扩散的影响程度。研究成果将为我国及时公布金融危机扩散指数，深入分析金融危机对我国经济的主要影响路径，以及对国民经济各行业、各区域的影响程度，为应对今后可能发生的全球金融危机，提供定量化依据和针对性的决策空间。

本书不仅论证了美国次贷危机对我国经济存在的扩散效应，还从四个方面建立了金融危机预警指数，并把它运用到我国宏观经济形势分析的金融形势预警中。通过编制金融危机扩散影响的预警总指数，并结合金融危机预警指数的变化给出危机临界值。然后，通过各种即时数据的代入对我国宏观经济趋势进行评估，分析我国近期发生金融危机的可能性及相应的预警区间，并在预警分析的基础上给出有针对性和可操作性的政策空间，这对未来我国对国际金融危机影响的监测和预防都具有一定的实践意义和应用价值。

本书研究的意义主要表现在以下几个方面：

金融危机传染、扩散的巨大负面影响促使了一批学者针对金融危机展开一系列的研究。但有关金融危机的研究大多是关于危机的决定因素或影响因素的分析，比如涉及金融危机对国际贸易影响的，基本上都是关于货物贸易影响的研究，对服务贸易影响的研究很少有人触及，且此方面的统计与计量经济分析研究成果较少。又如对于预警系统的研究，研究方法已经相当完善，但是对整个金融危机背景下的指数预警模型构建的相关文献几乎没有。金融危机的扩散效应深深影响了正在领跑世界经济、发展强劲的我国宏观经济。只有全面归纳分析金融危机传导路径和扩散机制对我国的影响渠道，对我国受金融危机扩散的影响有一个宏观框架的把握，同时运用准确刻画金融危机对我国宏观经济扩散影响的计量经济分析方法，构建金融危机对我国扩散的预警模型，才能从定量分析角度把握金融危机扩散的影响程度，增强我国应对包括金融危机在内的各种危机的能力。

该项研究涉及多方面的理论知识，如金融危机理论、经济危机理论、国际贸易理论及计量经济学理论等，只有将各方面理论知识融会贯通，高度综合，才能使我们全面认识和了解金融危机扩散给我国带来的影响，并依据扩散指数预警模型对我国未来经济发展提出合理的政策建议。

本书也可以为统计理论和方法在金融领域的应用拓展新思路，为金融与经济领域同类扩散或影响指数的编制方法提供借鉴和实践依据。

第二节 相关研究综述

一、国内外对金融危机扩散路径的研究现状

2007 年爆发的金融危机使得各国学者更加关注对金融危机扩散的研究，把金融危机的扩散路径分为几个方面进行阐述，相关的研究成果有：

范爱军（2001）在解释金融危机的国际传导机制探析中，通过总结 20 世纪 90 年代以来发生在欧洲、墨西哥和亚洲的金融危机，指出国际传导机制主要有：（1）汇率与外贸的传导机制；（2）游资与金融市场的传导机制；（3）国际负债的传导机制；（4）产业联动效应的传导机制。他指出，产业的联动效应作为一个单独的传导机制，通过"存货的加速原理"和产业的"结构性震荡"发生作用，指出金融危机的关键不在银行，而在企业。[①]

范恒森、李连三（2001）将金融危机的国际传染路径划分为非偶发

---

① 范爱军：《金融危机的国际传导机制探析》，《世界经济》2001 年第 6 期。

性传染路径和偶发性传染路径两大类。[①]前者指在危机爆发前的稳定期
和危机期都同样存在的传染渠道；后者指仅出现于危机爆发后的传染
渠道。

周盼（2009）在分析美国金融危机传染路径的选择一文中，将具体
的问题限定在危机传染针对不同国家的传染路径选择上。[②]然后，从危
机经过不同市场的先后顺序对传染路径做了定义，并构建了结构 VAR
模型，对传染路径选择的假设进行了实证检验。

冯芸和吴冲锋（2002）基于引导和互动性的理论对危机的传染进行
检验。[③]朱波、范方志（2005）在对金融危机理论与模型进行系统梳理
的基础上，认为银行同业市场中流动性危机的传染是危机传染的重要
途径。[④]

国家发展和改革委员会对外经济研究所所长张燕生认为，金融危
机主要通过消费者信心、直接投资、对外贸易、金融四个渠道（王红
茹，2008）进行传染。[⑤]我国学者对于出口与投资的认识多为 FDI 影
响出口，比较有影响力的有冼国明（2003）、王俭（2005）、龚艳萍
（2005）等。[⑥]

国际上关于金融危机传染性的系统研究始于 1992—1993 年欧洲货
币危机之后。格里克·R.（Glick R.）和 A.K. 罗斯（A.K.Rose，1998）

---

① 范恒森、李连三：《论金融危机传染路径及对我国的启示》，《财经研究》2001 年第 11 期。

② 周盼：《美国金融危机传染路径的选择》，硕士学位论文，厦门大学，2009 年。

③ 冯芸、吴冲峰：《金融市场波动及其传播研究》，上海财经大学出版社 2002 年版。

④ 朱波、范方志：《金融危机理论与模型综述》，《世界经济研究》2005 年第 6 期。

⑤ 王红茹：《各地金融创新为中小企业减压》，《中国经济周刊》2008 年第 32 期。

⑥ 冼国明等：《中国出口与外商在华投资——1983—2000 年数据的计量研究》，《南开经济
研究》2003 年第 1 期。王俭：《外商直接投资与中国出口关系的面板数据分析》，《北京交通大学
学报（社会科学版）》2005 年第 4 期。龚艳萍：《我国出口贸易结构与外国直接投资的相关分析》，
《国际贸易问题》2005 年第 9 期。

就货币危机的传染建立了一个以贸易联系作为危机传导机制的模型。[①]
该模型以五次货币危机（1971年、1973年、1992年、1994年和1997年）
作为样本，检验的结果表明：一国与危机发生国的贸易联系越紧密，
危机传染的概率就越大。艾肯格林（Eichengreen）、罗斯（Rose）、维普
洛斯（Wyplosz）和格里克等学者的有关研究表明，危机在国际间的传
递是因为危机发生国之间存在较为密切的贸易政策，危机初始国与传
入国贸易关系越紧密，危机的传递越有可能。[②]E. 沃伦（E.Warren）和
A.W.特亚吉（A.W.Tyagi）认为：在一国发生金融危机时，金融机构向
退出的投资者提供货币，金融机构面临着很大的流动性问题，这样金
融机构减少其他市场上的拆借头寸，来弥补流动性需求，随之导致金
融危机的爆发。[③]而古德斯登（Itay Goldstein）和波兹内（Ady Pauzner）
则在一个两国模型中论述了危机的传染是由于投资组合在不同的国家
间被分散化而引起的。[④]

以巴纳利（Baneriee，1992）为代表的许多学者将金融危机的国际
传导机制分为三类：一是危机传导的波及效应；二是危机传导的季风
效应；三是危机传导的贸易效应。[⑤]

综上所述，国内外专家学者对金融危机扩散的理论和实证模型进

---

① Glick R., A.K.Rose,"Contagion and Trade, Why are Currency Crisis Regional", *Journal of International Money and Finance* ,(18), 1998.

② Eichengreen B., Rose K.A., Wyplosz C.," Contagious Currency Crises : First Tests", *The Scandinavian Journal of Economics* ,(4), 1996.

③ E.Warren, A.W.Tyagi, *The Two Income Trap : Why Middle−Class Mothers and Fathers are Going Broke*, New York Basic Books, 2003.

④ Itay Goldstein, Ady Pauzner,"Contagion of Self−Fulfilling Financial Crises due to Diversification of Investment Portfolios", *Journal of Economic Theory*, 119 (1), 2004.

⑤ Baneriee,"A Guide to FRB/US, A Macroeconomic Model of the Uited States", *Macroeconomic and Quantitative Studies*, Version1.0, October 1992.

行了大量研究，重点关注金融危机的扩散机制和传染路径等。近年来，有学者构建金融危机影响指数来分析金融危机产生的影响。但到目前为止，国内外尚无对金融危机的扩散程度通过扩散总指数来进行综合评价的研究成果，尤其是对金融危机扩散到实体经济影响程度的综合评价成果更少。

二、国内外对金融危机扩散指数的研究现状

随着统计指数的应用不断扩展到工业生产、交通、进出口贸易等领域，统计指数不仅是分析社会经济和景气预测的重要工具，而且还被应用于经济效益、生活质量、综合国力、社会发展水平的综合评价研究中。

相对于西方国家，我国在指数应用理论的方法上主要从宏观经济指数体系和金融价格指数两方面展开讨论。宏观经济指数体系主要包括通货膨胀指数、生产者价格指数、消费者价格指数等，这些指数在政府宏观经济管理中发挥着重要的作用；金融价格指数主要包括股票价格指数、债券价格指数、汇率价格指数等。

以前，扩散指数主要是用来对宏观经济景气波动进行分析和预测。最近几年，国内有一些学者和研究机构开始用扩散指数的方法来分析和预测经济部门或区域的景气波动。张志强选取了粮食生产景气的先行、一致和滞后指标，对粮食生产景气进行了扩散指数分析（张志强，2001）。[①] 沈公律运用扩散指数方法对杭州楼市的走向进行了分析（沈

---

① 张志强：《中国粮食生产景气指数系统的扩散指数分析》，《北京农学院学报》2001年第16期。

公律，2004）。[①] 赵建国构建了基于扩散指数的失业预警模型（赵建国，2005）。[②] 李朝鲜和兰新梅试着编制我国零售商业景气的扩散指数，分别选取了一些先行指标、一致指标和滞后指标（李朝鲜、兰新梅，2004）。[③] 王巍用扩散指数的方法对上海房地产市场的周期波动进行了分析和预测（王巍，2005）。[④]

扩散指数是一种实证的景气观测方法，扩散指数可用于反映和预测宏观经济运动的方向、经济各个方面和各个部门经济活动发展整体趋势以及经济波动扩散的过程，它比任何单一指标都更具有权威性和可靠性。20 世纪 80 年代中期，国家信息中心经济预测部、中国社会科学院数量经济与技术经济研究所以及吉林大学等科研机构开始对我国经济景气进行分析和研究，选取了我国经济景气的先行、一致以及滞后景气指标组，编制了我国经济景气的扩散指数和合成指数，对我国的经济景气进行了分析和预测，得到了较好效果。[⑤]

三、国内外关于金融危机影响国际贸易机制的研究现状

马子惠（Zihui Ma）、莱昂纳德·成（Leonard Cheng，2003）认为金融危机对国际贸易的主要影响在于金融危机在短期内抑制了大宗商品的出口，但长远而言，商品的出口可以被促进。[⑥] 尼古拉·艾尔

---

① 沈公律：《运用扩散指数方法对杭州楼市走势分析》，《中国房地产》2004 年第 7 期。

② 赵建国：《基于扩散指数法的失业预警模型及实证分析》，《财经问题研究》2005 年第 11 期。

③ 李朝鲜、兰新梅：《试论零售商业景气扩散指数的编制与应用》，《经济经纬》2004 年第 3 期。

④ 王巍：《上海房地产市场的周期分析及趋势预测——基于扩散指数法的研究》，《经济咨询》2005 年第 1 期。

⑤ 李廷：《我国商品市场景气的扩散指数分析》，硕士学位论文，湖南大学，2007 年。

⑥ Zihui Ma，Leonard Cheng，"The Effects of Financial Crises on International Trade"，*Nber Working Paper*，2003.

玛（Nicola Erma，2009）研究了竞争效应和资产负债表效应两种效应，指出了金融危机对危机输入国出口贸易的影响是通过汇率的变动途径。[①]

牛宝俊等人（2000）研究得出金融危机发生国的消费欲望严重受阻进而扩散到进口市场，基于此，我国对外出口状况出现萎缩的迹象。[②]

李俊、王立（2008）研究了美国金融危机的进展以及此次危机的特质，判断出此次危机对中国出口贸易影响主要有需求、价格、汇率和贸易政策四个方面。[③]

陈亚雯（2008）以独特的视角从出口产品需求、中国金融市场以及中国资本市场三方面，阐述了中国出口企业受金融危机的影响。[④]

钟惠芸（2008）提出了中国出口领域受金融危机影响主要是通过三种方式：外需、汇率和贸易保护政策。[⑤]

李细满（2008）认为中国过高的外贸依存度是我国对外贸易受到金融危机冲击的主要原因，危机通过贸易渠道使中国出口减缓并且以资本和金融渠道使人民币升值，削弱我国出口竞争力。[⑥]

陈华、赵俊燕（2009）论述了美元的贬值是受国际金融危机发生的影响，致使该国以及与其贸易关系密切的国家大环境出现恶化，由此

① Nicola Erma,"Marden Some Robust Estimates of Principal Components", *Statistics & Probability Letter*,（43），2009.

② 牛宝俊、李大胜、赖作卿：《亚洲金融危机对农产品贸易的影响》，《国际贸易问题》2000年第5期。

③ 李俊、王立：《美国次贷危机对中国出口的影响及应对策略》，《国际贸易》2008年第8期。

④ 陈亚雯：《美国次贷危机对中国金融和出口企业的影响与政策建议》，《经济问题探索》2008年第8期。

⑤ 钟惠芸：《金融危机对中国出口贸易的影响及其对策》，《消费导刊》2008年第12期。

⑥ 李细满：《美国次贷危机对我国出口贸易的影响》，《商业时代》2008年第15期。

波及到对外贸易领域，进而影响我国出口。[①]

李增广（2009）研究认为出口贸易受到金融危机的影响可分为直接型和间接型，并指出此次危机的溢出效应主要分为四大类：价格、收入、政策和预期。[②]

四、国内外关于金融危机影响服务贸易的研究现状

（一）国外研究现状

一般认为，西方学者对服务贸易问题的研究始于 20 世纪 70 年代，其对服务贸易国际竞争力和发展影响因素的一些相关研究成果还是非常富有成效的，对我国研究服务贸易具有启示性作用。此外，也有一些学者就金融危机对国际贸易的影响进行了研究。

1. 国外关于服务贸易国际竞争力及发展影响因素的研究

国外学者对于国际竞争力的衡量指标，可谓众说纷纭。其中，可以用来衡量服务贸易国际竞争力的代表性指标主要有巴拉萨（Balassa，1965）提出的显示性比较优势指数（RCA）。[③]沃尔拉斯（Vollratlh，1988）提出的显示性竞争比较优势指数（CA）和巴拉萨（1989）提出的净出口显示性比较优势指数（NRCA）。[④]国外关于服务贸易的影响因素分析，主要是从人力资本、外商直接投资、贸易自由化、技术创新

① 陈华、赵俊燕：《美国金融危机传导过程、机制与路径研究》，《经济与管理研究》2009年第 2 期。

② 李增广：《金融危机对中国出口贸易的影响及建议——基于 SWOT 视角的分析经济与管理》，《国际贸易》2009 年第 12 期。

③ Balassa，"Trade Liberalisation and 'Revealed' Comparative Advantage 1"，*Manchester School*，33（2），1965.

④ Balassa U.S.，"Trade Policy towards Developing Countries"，Policy *Research Working Paper*，1989.

以及互联网的发展等一个或多个角度进行影响性分析的。

2. 金融危机对国际贸易影响的研究

1997 年亚洲金融危机的爆发使得亚洲国家出口贸易萎靡不振，打破了其经济快速增长的神话。自此，国外很多学者专家都纷纷探讨国际金融危机对国际贸易的影响。国外关于金融危机对国际贸易影响的相关文献还是比较丰富的，但主要是针对货物贸易，针对服务贸易的还比较少。

具有代表性的相关文献主要有：艾肯格林、罗斯、维普洛斯（1996）对 20 个工业化国家 1959—1993 年的面板数据利用 Probit 模型估计各国发生金融危机的概率，得出的研究结论是：对于贸易关系密切的国家，金融危机更容易传播。[1] 梅森（Masson，1999）通过研究得出结论：通过货物贸易传播金融危机成为危机扩散的主要方式。[2] 库格林（Coughlin）、珀勒阿德（Pollard，2000）就 1997 年金融危机对样本国家出口的影响性进行了实证分析，研究表明，对于东南亚市场依赖性很强的国家受到了最猛烈的影响。[3] 尼安（Gnan）、慕斯莱西纳（Mooslechner，2008）的研究指出，2007 年美国金融危机引发的国际市场低迷导致奥地利的货物出口贸易预期趋于恶化。[4] 英格·博彻特（Ingo Borchert）、阿迪蒂亚·玛图（Aaditya Mattoo，2010）利用美国最新的贸

①　Eichengreen B., Rose K.A., Wyplosz C., "Contagious Currency Crises : First Tests", *The Scandinavian Journal of Economics*, (4), 1996.

②　Masson, P., "Contagion : Macroeconomic Models with Multiple Equilibria", *Journal of International Money and Finance*, (18), 1999.

③　Coughlin, C.C., & Pollard, S.P., "State Exports and the Asian Crisis", *Retrieved*, March 20, 2009.

④　Gnan, Emooslechner, P., "The Impact of the Financial Crisis on the Real Economy in Austia-Analytical Challenges from Exceetional Factors", *Monetary Policy and The Economy*, (4), 2008.

易数据及其他经济合作组织的综合数据的研究表明，在金融危机的影响下，新兴服务贸易所遭受的损失要小于传统服务贸易，一个实证分析的例子是相对专门从事 BPO 和 IT 服务的印度出口美国的损失量，要小于专门从事运输服务或旅游服务的巴西等国或非洲等地区出口美国的损失量。[①] 阿米尔·赛义德·娜拉米（Amir Saeed Nooramin）、萨贾德·阿布迪（Sajjad Abdi，2008）的研究指出，2007 年的金融危机引发的国际经济低迷造成了全球航运市场的衰退，导致国际贸易大幅度下降。通过上述文献可以看到，属于国际贸易组成部分的货物贸易和服务贸易都深受金融危机的冲击，因此，采取相关措施应对冲击是很有必要也是必需的。[②]

（二）国内研究现状

中国关于服务贸易的研究始于 20 世纪 90 年代，自中国加入世界贸易组织以后，研究这方面问题的学者不断增多。较为丰富的研究主要集中在服务贸易国际竞争力及发展影响因素领域。

目前，关于中国服务贸易国际竞争力的研究，主要是用竞争力指标衡量。大多数文献都是对我国的服务贸易整体或结构领域的竞争力水平进行衡量，并对比其他国家，最终得出的结论都是我国服务贸易国际竞争力处于弱势地位，既远远落后于欧美等发达国家，又相对差于具有代表性的印度、巴西等发展中国家。这方面比较有代表性的研究主要有邓世荣（2004）、王小平和高钟庭（2004）、王庆颖（2005）、郑吉昌和周蕾（2005）、王咏梅和倪海清（2008）、谢国娥（2008）和叶

---

① Ingo Borchert, Aaditya Mattoo,"Global Patterns of Services Trade Barriers-New Empirical Evidence", *World Bank Mimeo*, 2010.

② Amir Saeed Nooramin, Sajjad Abdi,"Evaluating the Effects of Economic Recession on Iranian Shipping Market", *Molecular Phylogenetics & Evolution*, 47（1）, 2008.

茗（2012）等。[①] 国内关于服务贸易的影响因素研究，主要从我国经济发展水平、货物贸易水平、第三产业水平、服务贸易开放水平和外商在华直接投资水平这几个方面选取指标对我国服务贸易的发展进行实证分析。相关研究主要有李静萍（2002）、赵景峰和陈策（2006）、李杨和蔡春林（2008）、赵明亮和何婷婷（2008）等。[②]

然而，将金融危机的背景引入我国服务贸易的研究文献还比较少，且主要集中在理论分析层面，研究的内容主要可以分为以下两个方面：

1. 金融危机对中国服务贸易的影响性分析

2007 年金融危机对我国服务贸易的发展，既是机遇，又是挑战。说机遇，是因为金融危机既然已经发生，我们就别无选择，而从危机中发现机遇可以为我国服务贸易带来新的经济增长点；说挑战，是因为金融危机确实对我国服务贸易的发展造成了一定的冲击，影响了其发展进程和进度。相关文献主要有：董慧珠（2009）的研究指出，在金融危机影响下，我国服务业和服务贸易的发展呈现出传统服务贸易行业出口增速放缓、服务贸易逆差规模反弹等特点。[③] 郭浩淼、崔日明（2010）深入分析了中国服务贸易面临的规模有限、竞争力较弱、结构

[①]　邓世荣：《中国服务贸易的国际竞争力》，《世界经济与政治论坛》2004 年第 3 期。　王小平、高钟庭：《中国服务贸易竞争力分析与对策研究》，《生产力研究》2004 年第 9 期。王庆颖：《中国服务贸易的国际竞争力实证分析》，《世界经济研究》2005 年第 1 期。郑吉昌、周蕾：《中国服务业国际竞争力的指标评价》，《经济问题》2005 年第 11 期。王咏梅、倪海清：《金融危机条件下我国服务贸易发展分析》，《黑龙江对外经贸》2008 年第 8 期。谢国娥：《服务贸易竞争力的多指标分析》，《江苏论坛》2008 年第 10 期。叶茗：《基于竞争力指数的我国服务贸易国际竞争力分析》，《商业时代》2012 年第 2 期。

[②]　李静萍：《影响国际服务贸易的宏观因素》，《经济理论与经济管理》2002 年第 12 期。赵景峰、陈策：《中国服务贸易：总量和结构分析》，《世界经济》2006 年第 8 期。李杨、蔡春林：《中国服务贸易发展影响因素的实证分析》，《国际贸易问题》2008 年第 5 期。赵明亮、何婷婷：《我国服务贸易竞争力影响因素分析》，《北京财贸职业学院学报》2008 年第 4 期。

[③]　董慧珠：《中国服务外包产业发展研究》，硕士学位论文，黑龙江大学，2011 年。

失衡、外部需求下降和日益严峻的竞争等问题与挑战。①李文婷（2011）的研究指出，金融危机对于我国服务贸易的挑战有服务贸易逆差扩大、服务贸易行业专业型人才短缺且不均衡、服务贸易结构不合理、开放程度低；金融危机对我国服务贸易的机遇主要有中国将面临新的国际分工机遇、新一轮服务业对外开放，这将促进服务贸易发展并拉动我国经济增长。②刘艳艳（2013）的研究指出，我国可以以金融危机为契机，大力发展金融服务业，加快进入国际市场的步伐，利用国内服务产品价格优势吸引外国居民来中国留学、旅游。③

2. 金融危机下中国服务贸易的发展对策分析

面对金融危机的发生，如何有效地克服挑战并积极迎接机遇对于我国服务贸易健康快速发展具有重要意义。许多学者也在这方面进行了探析，并取得了一定的成果。谢俊源（2009）为今后我国发展服务贸易提出的相关对策有完善政策措施、建立服务贸易发展管理和促进体系、促进重点部门服务贸易发展、加强世界服务贸易合作。④刘丽华、孙雨、杜丽娜（2010）通过研究指出，为了加快我国服务贸易发展，应在强化政府的作用、确定战略重点、优化服务贸易行业结构等方面着手，以提高我国服务贸易竞争力。⑤刘颖、王飞（2013）指出，在后金融危机时代，要大力发展服务贸易，就必须要扩大服务业的开放程度，

---

① 郭浩森、崔日明：《后金融危机时期中国服务贸易面临的挑战与对策》，《国际贸易》2010年第12期。

② 李文婷：《国际金融危机背景下中国服务贸易的开放》，《经济与管理》2011年第2期。

③ 刘艳艳：《金融危机背景下中国服务贸易发展的机遇与挑战》，《国际研究》2013年第8期。

④ 谢俊源：《经济危机背景下中国服务贸易存在的问题及对策》，《外资与经贸》2009年第19期。

⑤ 刘丽华、孙雨、杜丽娜：《后金融危机时代我国服务贸易的发展对策研究》，《服务贸易》2010年第4期。

坚持服务进口与服务出口的均衡发展，调整和优化服务贸易结构，积极发展现代新型服务行业。[①]

3. 国内关于预警指数的研究，有一部分是针对金融危机的，但并没有关于金融危机影响的特定方面，例如服务贸易指数预警模型的构建

关于金融危机预警指数的研究文献主要有：刘志强（1999）设计了一套包括国内金融机构资产质量、经营稳健性、信贷增长和利率及反映外债投向、偿还能力和汇率等 9 项指标的预警体系，并使用 1994 年和 1997 年金融危机的数据进行了验证，检验结果表明了设计的这套金融危机预警指标体系有较好的预警效果。[②] 张元萍、孙刚（2003）基于 KLR 信号分析法，选取了我国宏观经济层面、国内金融机构层面、对外经济运行层面的 12 个指标进行了分析，指出我国在 2003 年时金融风险主要集中在银行系统内，即我国若发生金融危机，根源于银行体系发生的危机。[③] 汪滢（2003）结合我国的经济金融环境特征，借鉴国内外已有模型，选取了 17 项经济指标，建立了"五系统加权法"预警模型，同时也运用专家调查法和层次分析法对各子系统及子系统内部指标进行了二级赋权。[④] 闵亮、沈悦、韩丹（2008）选取亚洲国家和地区作为样本，从信贷水平、货币政策、汇率与国际收支问题、利率水平和国内情况五个方面选取了 16 个指标，基于 KLR 信号分析法建立了一套金融危机指标预警系统，并据此探究了我国的金融风

---

①　刘颖、王飞：《后金融危机时代中国服务贸易发展探讨》，《国际经贸》2013 年第 5 期。

②　刘志强：《金融危机预警指标体系研究》，《世界经济》1999 年第 4 期。

③　张元萍、孙刚：《金融危机预警系统的理论透析与实证分析》，《国际金融研究》2003 年第 10 期。

④　汪滢：《金融危机预警模型的构建——"五系统加权法"预警模型》，《西安石油学院学报（社会科学版）》2003 年第 1 期。

险状况。[①] 张凯敏（2011）基于主成分分析法和层次分析法，从对外贸易、投资等五个方面选取指标，在实证分析的基础上构建了金融危机扩散指数，刻画了我国受金融危机影响的机制状态。[②] 从以上文献中，笔者可以整理出构建预警指数的基本步骤：确定指标体系、提炼指数、确定权重、构建指数预警模型。

（三）国内外相关研究评述

纵观国外研究文献，关于金融危机对国际贸易影响因素的研究成果颇为丰富，较大规模的金融危机的爆发也促使国内外就金融危机对国际贸易影响的问题进行了大量实证研究，这些文献成果都为本书的研究打下了坚实的基础。但是，国外研究文献中专门针对金融危机对服务贸易影响的研究明显少于金融危机对货物贸易影响的研究，关于编制金融危机背景下服务贸易指数预警模型的文献也没有找到，这几个方面都是国外相关文献研究的空白之处。

通过国内研究文献分析，有关服务贸易国际竞争力的研究和服务贸易发展影响因素的实证分析的文献居多；而将金融危机背景引入服务贸易研究的文献多停留在理论层面，且主要是从金融危机对服务贸易的机遇与挑战以及应对措施方面入手；关于金融危机预警指数的研究已经基本形成了一个指数编制的基本步骤。但在国内研究文献中并没有找到金融危机对我国服务贸易影响的实证分析以及我国服务贸易指数预警模型方面的文献。

通过对国内外已有研究文献的分析，可以看出我国服务贸易在金

[①] 　闵亮、沈悦、韩丹：《构建符合国情的我国金融危机预警指标体系》，《现代经济探讨》2008 年第 7 期。

[②] 　张凯敏：《金融危机扩散指数及其实证研究》，硕士学位论文，河北大学，2010 年。

融危机背景下的实证分析和指数预警模型构建有着广阔的研究前景。因此，本书将在国内外已有的关于服务贸易国际竞争力和服务贸易发展影响因素的实证分析、国内外关于金融危机对国际贸易影响的理论与实证分析以及金融危机预警指数编制的基础上，就美国金融危机对我国服务贸易的影响进行实证分析并构建服务贸易指数预警模型，从而增强我国服务贸易的危机抵御能力。

第三节　本书框架、研究路径和创新点

一、本书框架

本书研究框架为：

首先，在对国内外研究现状进行综述的基础上，阐述了相关的金融危机及其传染理论、金融危机的扩散效应理论、金融危机的传导效应以及研究的技术路线。分别从实证分析与检验角度论述了国际金融危机对我国出口贸易和服务贸易的影响，并从影响路径分析、扩散路径测算、实证检验三个方面分析了金融危机通过汇率与资本市场对我国经济影响的扩散效应。

其次，梳理了统计指数的编制方法，提出了金融危机扩散指数编制、检验及分析方法，包括指数指标体系的构建、指数的分析方法、指标权重的选取方法；并构建了编制金融危机扩散指数涉及的指标体系。

选取指标运用计量模型中的时间序列分析（单位根检验、Johansen协整检验、Granger因果检验、VAR模型中的平稳性检验与脉冲响应函数）对这5条路径进行历史数据的检验、验证和评估；采用主成分分

析法依次从汇率市场、金融市场、外商直接投资市场及预期市场来编制四个分指数，并采用神经网络系统分析方法确定四个分指数的权重，以此来构建金融危机扩散预警综合指数，进而运用临界值法来判断在国际金融危机的大背景下我国受到波及的程度。

本书从国民经济预警指数、进出口贸易市场指数、服务贸易市场指数、外商直接投资市场指数（FDI）、投资市场指数、汇率市场指数六个方面选取了23个指标来构建金融危机扩散指数，并采用神经网络系统分析方法确定四个分指数的权重，以此来构建金融危机扩散综合指数，进而运用临界值法判断我国受金融危机扩散的影响程度，最后测算金融危机扩散综合指数。

再者，从对外贸易、汇率市场、心理预期和资产价格四个渠道选取代表性指标，运用主成分分析法和层次分析法构建了美国次贷危机背景下的金融危机扩散预警模型；并运用阈值法划分预警区间，对我国不同时期受金融危机扩散影响的程度进行五灯显示系统的分级预警。预警模型的应用则通过输入现实数据对我国近期受金融危机扩散影响的程度，乃至发生金融危机的可能性进行评估检验与分析。

最后，在对我国金融危机扩散预警总指数五灯显示系统的测算、监测与分析基础上，提出我国应对金融危机的政策工具和政策空间，并提出我国应对国际金融危机扩散的一般性政策建议，以及以出口贸易、服务贸易、资本市场、汇率市场为重点领域的政策与建议。

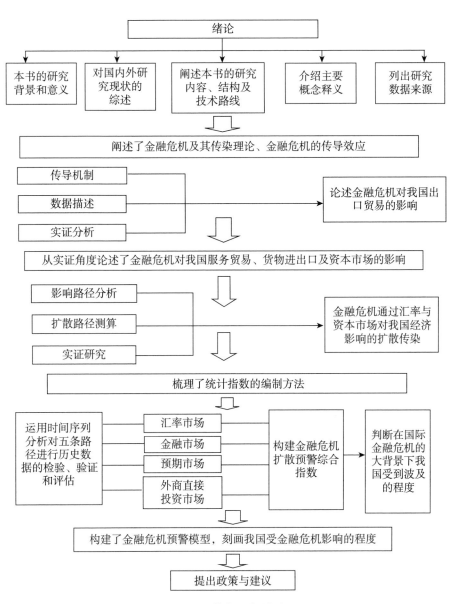

图 0-1　基本思路及框架

二、研究思路

本书在建立金融危机扩散理论分析框架的基础上，研究国际金融危机扩散对我国虚拟经济和实体经济影响的综合变化趋势及其定量描述方法。首先，确定金融危机理论和金融危机传导机制理论框架。其次，根据统计指数的相关理论，确定构建金融危机扩散指数的基本步骤；构建金融危机扩散的指标体系、提炼指数、确定权数和评价的临界值，并依据综合指数的评价模型确定评价总指数的编制方法。最后，采用理论和实证研究相结合的方法编制金融危机扩散指数，并通过对金融危机传导路径的分析，依据统计指数编制理论和方法建立综合指数评价体系，确定金融危机指数的编制方法与实际测算方案。

针对在多指标综合评价中，权数的确定直接影响着综合评价结果的问题，本书在上述扩散指数选取指标的基础上，用层次分析法、神经网络系统确定指标权重，并运用临界值的方法确定各指标受金融危机影响的程度。将采用两次国际金融危机对我国各行业影响的实际数据进行实证分析；实际测算金融各传导路径的影响程度，以及对我国各行业各区域的影响指数；并计算出 2008 年全球金融危机对我国扩散的总指数，并进行分行业分区域的扩散程度和影响程度分析。本书研究思路如图 0-2 所示。

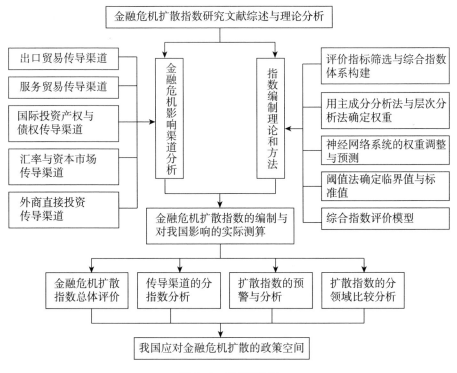

图 0-2　技术路线图

三、主要创新点

第一，首次提出金融危机扩散指数测度、检验及综合评价方法。目前尚未检索到国内外对国际金融危机在某一国家的扩散程度综合评价的研究成果；对金融危机在某一国家扩散程度通过扩散总指数来综合测度，及其对该国宏观经济形势影响的综合评价成果更少；我国也没有合适的权威指数来对国际金融危机的扩散程度进行评判和发布。本书在对金融危机扩散相关理论深入研究基础上构建的金融危机扩散指数，具有一定的科学性和实践应用价值。

第二，本书在全面分析金融危机传导机制和金融危机可能的扩散路径基础上，从出口贸易、服务贸易、汇率、资本市场、资产价格、心理预期等渠道全方位测量了美国次贷危机对我国经济的直接和间接影响，并进行了检验，且以此为依据提出了建立金融危机扩散预警指数的方法论框架。

第三，本书不仅论证了美国次贷危机对我国经济存在的扩散效应，还从四个方面建立了金融危机预警指数，并把它运用到我国宏观经济形势分析的金融形势预警中。通过各种即时数据的代入对我国宏观经济趋势进行评估，分析我国近期发生金融危机的可能性及相应的预警区间，并在预警分析的基础上给出有针对性和可操作性的政策空间。这对未来我国对国际金融危机影响的监测和预防都具有一定的实践意义和应用价值。

第四，在编制金融危机扩散指数评价指标筛选与综合指数体系构建中的权重测度方法中，本书借鉴神经网络系统理论和方法测算动态权重，并将阈值法确定临界值运用于衡量金融危机的扩散程度的分析研究中。

四、研究数据来源

本书涉及的数据主要来源于下面四个方面，其中文献中的数据方面，文中的一般性叙述的数据主要来源于文献的研究，并注明了出处。实验中的数据方面通过同花顺软件搜集，主要来源于国家统计局、世界清算银行（Bls）和世界银行（World Bank）等网站公布的数据。各期的国际金融统计（IFS），国研网、中国资讯行（精讯数据）等大数据系统也是本书的数据来源。

第一章　国际金融危机传导机制理论与测度方法论述评

金融危机的传导是指金融危机在不同国与国之间、地区与地区之间进行传播和扩散，引起各国汇率剧烈波动和金融市场秩序混乱的国际资本流动，而且也造成各国和地区之间的连锁反应。随着国际金融危机的频繁爆发，人们对金融危机的认识也在不断发展，从而不断增加对国际金融危机传导机制的研究。只有了解了金融危机是如何在金融体系中进行传导的，我们才能找到行之有效的方法去应对。

因此，本章主要对金融危机的概念进行界定和模型介绍，展示了金融危机传导机制的基本内涵，然后从贸易渠道、国际资本流动渠道以及传染效应三方面对国际金融危机的传导机制进行理论分析。

第一节　国际金融危机及传导机制理论

一、金融危机

金融危机是指一个国家或几个国家与地区的全部的或部分的指标（如证券、房地产、土地、价格、短期利率、商业破产数和金融机构崩溃数等）出现短暂的、尖锐的和超周期的不良状态。

　　有关金融危机理论的分类，比较公认和权威的是由国际货币基金组织在 1998 年提出的。它将金融危机理论分为如下四类：（1）货币危机理论：当世界经济状况发生变化，由于投机性需求的刺激，使得某种货币汇率遭受冲击并出现不断贬值的趋势，也可能使得货币当局为应对贬值危机，提高利率，扩大外汇储备。该理论主要包括四个模型，其中第四代货币危机模型是针对本次美国金融危机而建立的。一国各行业部门具有的对外债务份额越多，就越有可能引发经济系统发生危机。（2）银行业危机理论：债务到期，但银行却不能偿付，为了保证银行系统能够正常运行，政府通常会提供必要的资金支持，从而避免由于无法偿还债务而引发的经济和社会动荡。但当政府也无法挽回时，危机会从一家银行向其他银行传播，最终导致整个银行体系的崩溃。（3）外债危机理论：在这个经济日益联系紧密的全球化背景下，每个国家都会有不同程度的对外债务，当一个国家不能如期偿还对外债务且导致整个支付系统崩盘时，这个国家就出现了外债危机。（4）系统性金融危机理论：危机并不简单的是货币危机、银行业危机和外债危机的某一项，而是三者的同步或依次发生。因此，该危机又名"全面金融危机"，就是整个金融体系全面崩溃。

二、国际金融危机的传导机制

（一）国际金融危机传导的内涵

　　国际金融危机的传导是指金融危机在不同国与国之间、地区与地区之间进行传播和扩散，引起各国汇率剧烈波动和金融市场秩序混乱的国际资本流动，而且也造成各国和地区之间的连锁反应，可分为接触性传导和非接触性传导。

　　金融危机国际传导溢出效应是指一国发生金融危机造成本币贬值可能会恶化其他相关国家的宏观经济运行情况，从而可能导致这些国家遭受投机性冲击压力，包括贸易溢出效应和金融溢出效应。贸易溢出效应是指一国发生金融危机造成的本币贬值冲击了一个或多个与其贸易关系密切的国家的经济基础，从而导致这些国家可能遭受金融危机的压力。①

　　（二）国际金融危机的接触性传导

　　接触性传导是指溢出效应，即狭义的金融危机国际传导，是指在金融危机爆发的整个过程及后续余波中，强调发生国的一些经济要素的变化引起其他国家经济金融的变化，其中涉及国际贸易、国际资本流动等的变化。

　　1.国际贸易传导

　　贸易伙伴型传导。发生金融危机的国家国内经济萎缩，外汇相应地减少，同时影响到该国的进口量下降。以美国和中国为例，美国和中国是典型的贸易伙伴关系，美国发生金融危机，影响到相应的伙伴中国：美国金融危机→美国的进口需求减少→中国出口减少→中国企业经济滑坡→中国工人收入和企业效益下降→中国社会投资和消费减少→中国经济恶化→中国对外的进口需求也会减少，这样就形成恶性循环。②

---

① 王会强、顾六宝：《亚洲金融危机与美国次贷危机对我国出口贸易影响比较分析》，河北大学出版社 2013 年版。

② 张凯敏：《金融危机扩散指数及其实证研究》，硕士学位论文，河北大学，2010 年。

图 1-1　贸易伙伴型传导机制

　　贸易竞争对手型传导。假设 A 国和 B 国同时向美国出口商品（A 和 B 国是除美国外的任何两个国家）。A 国发生金融危机→A 国货币出现贬值→A 国的商品成本下降→A 国削弱 B 国的商品竞争力。最后货币贬值时会改善一国的贸易条件，主要是看该国出口需求的价格弹性e_x和进口需求弹性e_m，要是$|e_x|+|e_m|<1$，则贬值不会改变贸易条件；要是$|e_x|+|e_m|>1$，则贬值会改变贸易条件。另外，由于竞争对手之间竞相地对货币进行贬值，这样会陷入"囚徒困境"的博弈之中。

　　2. 国际资本流动传导

　　资本传导途径可以是 A 国和 B 国互相传导，也可以是 A 国和 B 国的传导是通过 C 国实现的。

　　资本市场传导。国际游资通过资本市场，以外币的形式存在，它主要是通过各国不同的货币汇价进行预期，来进行大量的炒作，由于这种国际游资的流动性特别强,所以往往加速金融危机的扩散。

连带效应。国际游资如果引起一国金融危机,那么它就会通过连带效应在相关的领域进行炒作活动,从而加重该国的金融危机,使地区经济瘫痪。

证券。当国际游资对 A 国进行证券投资时,形成泡沫化。由于人们都有一种跟风心理,觉得证券市场有利可图,然后就把存款投资到证券市场,这样股票价格就会持续攀升,当攀升到相当高的价位时,国际游资获得高额利润并进行撤资。证券价格随之下降,引发人们的恐慌,然后大批量地抛售手中的证券,金融危机迅速爆发。

(三)国际金融危机的非接触性传导

国际金融危机的非接触性传导是指金融危机在与危机初始国实质经济联系相对薄弱的经济体之间相继发生的危机传染,虽然现有的各理论体系研究重点不同,但人们普遍认为投资者心理预期的变化和相联系的金融活动构成了金融危机传染的主要路径。[①]

1.净传染机制

指两个国家之间经济联系薄弱,一个国家的危机并没有恶化其他国家的经济基础,但是受到金融危机的影响。净传染可以分为经济性传染、政治型传染、文明传染等经济传染。(1)经济传染指经济基础相类似的国家发生金融危机时,投资者预期与之有相同状况的其他国家也会发生相类似的情况,导致投资者对该国的信用度降低,从而引发金融危机。(2)政治型传染是指具有相似历史政策、宏观环境和决

---

① 陈巧玲:《金融危机后我国股市的非接触性传染机制的研究——以"羊群效应"为例》,《商》2013 年第 5 期。

策偏好的政府，一国发生的危机披露了其他国家政府对待危机的态度信息，这将会改变一国政府原来的政治和经济成本之间的平衡关系，增加了投机者货币贬值的预期，从而导致预期"自我实现"的危机。（3）文化型传染是指具有相似文化和文明的国家，会因为其他国家发生金融危机而受影响。

2. 心理预期

由于经济预期的不确定性和信息不对称性，再加上人的理性是有限的，从事经济活动的人天生具有趋利避害的倾向，导致人们采取不正当的手段获取利益。虽然现在的信息技术迅速发展，但是信息的不对称性导致人们对银行产生怀疑，这样会产生挤兑效应。

学术界还关注了其他的传染路径，例如，溢出效应、羊群效应、季风效应和产业联动效应等，这些效应对金融危机传染也起到了一定的助推作用。

第二节　金融危机理论模型

国际货币基金组织（IMF）在《世界经济展望》中将金融危机理论分为四类：（1）货币危机理论（Currency Crises）。当某种货币的汇率受到投机性袭击时，该货币出现持续性贬值，或迫使当局扩大外汇储备，大幅度地提高利率。（2）银行业危机理论（Banking Crises）。银行不能如期偿付债务，或迫使政府出面提供大规模援助，以避免违约现象的发生，一家银行的危机发展到一定程度可能波及其他银行，从而引起整个银行系统的危机。（3）外债危机理论（Foreign Debt Crises）。一国的支付系统严重混乱，不能按期偿付所欠外债，不管是主权债还是私人债等。（4）系统性金融危机理论（Systematic Financial Crises）。可以称为"全面金融危机"，是指主要的金融领域都出现严重混乱，如货币危机、银行业危机、外债危机的同时或相继发生。此外，在经典经济学理论中，比较有代表性和比较有影响的是马克思的金融危机理论，他从资本主义的本质分析金融危机理论。

货币危机理论：主要包括比较成熟的第一代、第二代和第三代金融危机模型，以及针对当前的金融危机而建立的第四代金融危机模型。

一、第一代金融危机模型

第一代模型强调基础经济变量，代表人物是罗伯特·弗勒德（Robert Flood）和彼得·加伯（Peter Garber）。该理论认为，金融货币危机是由于政府经济政策之间的冲突造成的。第一代货币危机理论假设政府为解决赤字问题，会不顾外汇储备无限制地发行纸币，央行为维持固定汇率制度，会无限制抛出外汇直至外汇储备消耗殆尽。该理论的基础在于当经济的内部均衡与外部均衡发生冲突时，政府为维持内部均衡而采取的特定政策必然会导致外部均衡的丧失，这一丧失的积累将持续消耗政府的外汇。[1] 在临界点，投机者的冲击将导致危机的发生。第一代模型强调的是基本经济因素，其核心思想是外汇储备降低到某种程度时，金融危机几乎必然会发生。该理论解释了20世纪70年代末80年代初拉美国家的金融危机。

第一代模型是一种简单而颇具启发性的研究，但它是模仿小国的

---

① 赵国华、张庆、王艳芳：《基于美国模式的第四代金融危机理论探析》，《经济师》2010年第2期。

模型，假设太多，与现实存在一定的差距。经过不断修正后，第一代模型的这种缺陷在一定程度上得到弥补。第一代模型的最大缺陷在于假设当局以一种机械的方式制定政策（而不是对市场作出反应），无论外部环境如何，当局都盲目坚持以扩张的货币政策支持预算赤字，固执地通过出售外汇储备来支持汇率平价，直至储备耗尽。

二、第二代金融危机模型

第二代模型强调心理因素和预期自致，代表人物是莫里斯·奥巴斯特菲尔德（Maurice Obastfield）、杰拉多·埃斯奎韦（Gerardo Esquive）和菲利普·拉润（Philip Laren）。在该理论中，政府是主动的行为主体，也符合"经济人"假设，其目标函数也是使其利益最大化；汇率制度的放弃是央行在维持还是放弃固定汇率之间权衡之后作出的选择，不一定是储备耗尽之后的结果；另外，即使一国经济基本面尚好，但如果其中某些经济变量并不是很理想，由于种种原因，公众发生观点、理念、信心上的偏差，这种信心的丧失通过市场机制扩散开来，导致市场共振，危机自动实现。[①]该理论引入了动态博弈的观点，用羊群行为、传染效应和市场操纵等概念解释了在金融市场存在缺陷的情况下，金融货币危机的"自我实现"性质。该理论解释了 1992 年的英镑危机和 1994 年的墨西哥债务危机。第二代模型较好地弥补了第一代模型的缺陷，当局对维持固定汇率的成本—收益受市场预期影响的权衡分析是第二代模型的主要贡献。由于对投机性冲击的时机预测依赖于大量

---

① 赵国华、张庆、王艳芳：《基于美国模式的第四代金融危机理论探析》，《经济师》2010年第 2 期。

的私人部门信息，第二代模型的投机性冲击难以准确预测。

三、第三代金融危机模型

第三代模型强调脆弱的内部经济结构和亲缘政治，代表人物是保罗·克鲁格曼（Paul Krugman）。1997年爆发的亚洲金融危机引起了学术界关注，保罗·克鲁格曼认为这次危机在传染的广度和深度、转移及国际收支平衡等方面与以往的货币危机有显著区别，原有的货币理论解释力不够，某些经济体对于公众信心的敏感性很高，这些经济体可能由外部与自己关联不大的经济体中发生的货币危机而诱发公众对该经济体信心的丧失，从而导致危机的发生。在发展中国家，普遍存在着道德风险问题。普遍的道德风险归因于政府对企业和金融机构的隐性担保，以及政府同这些企业和机构的裙带关系，从而导致了在经济发展过程中的投资膨胀和不谨慎，大量资金流向股票和房地产市场，形成了金融过度，导致了经济泡沫。他用金融过度、亲缘政治等概念，用企业、脆弱的金融体系以及亲缘政治等概念解释了1997年的东南亚金融危机。第三代金融危机理论比前两代理论更加完善，但是它在风险积累、传导机制、金融机构的捆绑机制、危机在国内金融市场和国际金融市场蔓延方面都还缺乏有力的解释。

四、第四代金融危机模型

第四代货币危机模型是针对本次美国金融危机而建立的，对国家资产负债状况进行总体分析。该理论认为如果本国企业部门的外债水平越高，"资产负债表效应"越大，经济出现危机的可能性就越大。其理论逻辑是企业持有大量外债导致国外的债权人会悲观地看待这个国家的经济，减少对该国企业的贷款，使其本币贬值，企业的财富下降，从而能申请到的贷款下降，使全社会投资规模下降，经济陷入萧条。其他的观点主要有两个思路：第一个是着眼于金融体系内部来解释次贷危机（如金融自由化过度、会计准则失灵、杠杆倍数过高等）；第二个是着眼于虚拟经济与实体经济的关系，特别是用美国国内实体经济的失衡、需求不足来解释，第四代危机模型目前尚不成熟，有待进一步完善。[①]

第三节　金融危机的贸易传导效应

国际金融危机的贸易传导途径可分为贸易溢出效应和产业联动效应，其中，贸易溢出效应又可分为直接双边贸易溢出效应和间接多边贸易溢出效应。[②]贸易溢出效应（Adespillovers Effect）指"一国投机性冲击造成的货币危机恶化了另一个（或几个）与其贸易关系密切的国家的宏观基本面，从而可能导致另一个（或几个）国家遭受投机性冲击压力"。[③]根据危机传导国和被传导国之间的关系，贸易溢出效应分为两类：一是直接双边贸易溢出；二是间接多边贸易溢出。

直接双边贸易溢出的两国之间存在着直接紧密的贸易联系，进而在紧密贸易联系的基础上，通过四类因素引发传导：价格竞争力因素；

[①]　王会强、顾六宝：《亚洲金融危机与美国次贷危机对我国出口贸易影响比较分析》，河北大学出版社 2013 年版。

[②]　吴晓：《国际金融危机传导机制研究》，硕士学位论文，厦门大学，2009 年。

[③]　安辉：《现代金融危机国际传导机制及实证分析——以亚洲金融危机为例》，《财经问题研究》2004 年第 8 期。

总需求因素；物价水平因素以及政策目标冲突。[①] 直接双边贸易溢出的关键是双方高度相关的直接贸易关系引起了挤出效应。

价格竞争力因素引发危机传导。价格效应主要是指一国货币升值，导致该国出口商品相对价格上升，因为价格竞争优势下降而引起出口市场需求的下降，而金融危机对一国对外贸易影响的价格效应就是通过影响汇率实现的。首先，金融危机会影响到汇率。[②] 金融危机都会使危机发生国或区域内出现货币大幅度贬值。基于这样的事实，很多学者在分析金融危机的国际传导和金融危机对经济造成的影响时，都会包含危机发生国货币贬值造成的短期效应以及汇率波动在金融危机传导中的作用，即金融危机会造成危机发生国和受危机影响国汇率波动。[③]

在金融危机的冲击下，一国经济一定程度地陷入衰退，经济总量与经济规模出现较大的损失，因此必然有很多企业会面临困境甚至破产倒闭，从而导致失业率的上升。失业率的上升会带来政策上的贸易保护主义倾向。失业率上升，给社会和经济带来了各种各样的问题，失业者的生活陷入贫困，社会不稳定因素增加，同时失业是社会经济失衡的结果，它的存在和发展将进一步制约经济的发展。美国著名的经济学家阿瑟·奥肯（Arthur Okun）曾提出奥肯定律：当失业率上升大约1%，实际GDP增长将相对于潜在GDP增长下降2%，反过来也成立。

---

① 李祥辉：《金融危机的产业衰退效应及其传导机制分析》，硕士学位论文，江苏大学，2010年。

② 谢碧霞：《美国金融危机对中国对外出口影响的传导机制》，硕士学位论文，复旦大学，2010年。

③ 谢碧霞：《美国金融危机对中国对外出口影响的传导机制》，硕士学位论文，复旦大学，2010年。

失业带来的所有负面效应给政府施加了压力，此外，一些行业会将责任归咎于国外进口产品的竞争，以行业为代表的利益集团也会去政府游说，这一切反映到贸易政策上就是贸易保护主义。

其传导途径为：一是"信贷效应"。金融机构与金融机构之间有联系，金融机构与一般企业之间也有联系。金融危机发生后，金融机构出现风险，陷入困境，甚至倒闭，存款无法取出，原来发行的股票与债券成为废纸；另外，金融机构风险预期提高，会提升贷款条件和降低贷款额度。前者引发的问题为：拥有存款和持有股票、债券的企业资金周转不灵，相关进口商停业或倒闭。后者引发的问题为：进口企业已经陷入困境，却得不到贷款，无法支撑到经济复苏。进口商的危机会使另一国出口减少。美国金融危机发生后，楚（Chor）和曼诺瓦（Manova，2009）发现美国信贷越紧缩，出口就越少。[①] 经过计量后，他们认为利率升降与贸易流量变化确实存在着数量关系。二是"FDI 效应"。国际金融危机导致部分跨国公司经营亏损或破产，他们一般会处置其在海外的投资或撤资，尤其一些出口型外资企业在国外市场萎缩、需求不足的情况下，将撤出资金。同时，对于一些已经选好的投资项目或者签订了投资合同，但是随着金融危机对全球市场的冲击而选择放弃投资或者少投资，这将导致项目所在国实际利用外资额减少，进而导致该国的出口速度比预期下降，以上两条途径将导致该国出口型FDI 流入量的减少，影响该国的出口贸易。

---

① Chor, Davin & Manova, K., "Off the Cliff and back? Credit Conditions and International Trade during the Global Financial Crisis", *Journal of International Economics*, Vol. 87（1）, 2012.

第二章　金融危机对我国出口贸易扩散影响的实证检验

国际金融危机的影响从对虚拟经济的影响开始，通过金融部门与其他实体经济的密切联系而不断延伸到实体经济领域。各个实体经济部门在受影响之后会导致失业率升高，商品需求量减少，之后对各个经济主体的行为产生影响，最终对国际贸易的发展造成不利，也就是会影响一个国家的出口贸易。那么对于我国而言，金融危机对于出口贸易的打击到底有多大，我们能不能去量化这种影响呢？

本章首先分析金融危机对于出口贸易的传导机制的影响，具体分析了收入效应、价格效应、金融效应、外商投资效应以及预期效应这五个方面。之后采用我国2006—2009年出口贸易的一些具体数据，显示了在经济危机的影响下，我国出口月贸易额以及增长率所受到的影响。最后从五个传导路径（收入效应、价格效应、金融效应、外商直接投资效应和预期效应）开始，在理论分析的基础上选取相应的指标，通过建立的时间序列模型来验证影响我国出口的主要路径，为之后的论证作出准备。

第一节　金融危机对出口贸易的影响机制

一、收入效应传导机制

本书中所指的收入效应是通过影响危机输出国的国民收入实现的。当一国爆发金融危机后，带来了诸多负面影响，不管金融危机是由什么原因而引发的，或是属于什么类型，它都会给危机发生国的经济带来巨大的冲击，出现经济衰退，失业率上升的现象，致使本国国民收入下降，人均可支配收入下降。根据凯恩斯的观点可知，保持其他因素恒定时，收入是消费的正向函数。当民众口袋里的钱不充足时就会理性地减少日常的花销，与此同时，本国处在金融危机发生期必然会恶化人们对经济未来走势的看法，也会使该国居民缩减现期的花销。因此，该国民众对进口物品的购买欲望下滑，使得该国进口需求下降，从而导致贸易伙伴国出口放缓，甚至出现负增长的迹象。以2007年的这次危机为例，中国对外依存度较大，尤其是依赖于美国的进口，特别是加入世贸组织以来，我国对美国出口贸易的依存度更是有所加强，因此，我国出口贸易始终没有与美国经济的增长相脱节。当美国金融危机发生后，该国的经济下滑，信贷紧缩的局面导致全体民众收入不如从前，进而降低了对国外商品的购买欲望，导致我国出口销售在国际市场的萎靡。

二、价格效应传导机制

本书所指的价格效应主要是通过影响汇率实现的。金融危机的发生第一个影响到的就是汇率。近几年金融危机呈现出多种方式的结合，不管是属于哪种类型，他们都具有的一致特点是：处在这样艰难危机情况下的国家会使本国货币出现价值缩减的现象。基于此，危机发生国的货币贬值必会造成两国间的汇率波动。汇率波动所产生的价格效应表现在两个方面，例如：金融危机使美国经济缩水，为应对此负面影响，美国政府采取了降低美元的汇率政策，美国通过不断降低利率使美元不断走软，这就导致了人民币和美元利率倒挂现象的出现，进一步拉动人民币对美元的升值。由于我国企业出口的商品是按美元计价的，人民币升值会导致我国出口商品的相对价格上升，这样便削弱了我国出口商品的竞争力，从而导致我国出口量的缩减。此外，因为美国在国际舞台上扮演着主导角色，所以国际上原材料的定价权就掌握在它的手中，国际能源和资源价格受美元贬值的影响而迅速上涨，这导致中国出口企业的生产成本较之前有所增加，因此我国外销商品在全球市场上缺乏竞争优势。

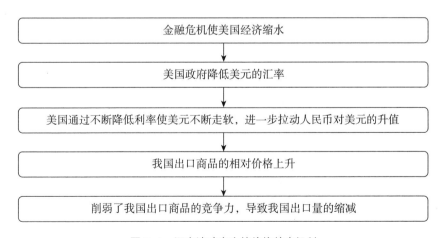

图 2-1　汇率波动产生的价格效应机制

三、金融效应传导机制

本书中所指的金融效应对我国对外贸易的影响，主要是通过影响我国出口企业融资情况实现的。在金融危机的背景下，我国会出现经济信用下降，从事金融服务的中介机构缩减了信贷的规模，从而导致本国外贸企业陷入筹资难的不利境地，它们因资金链问题造成生产规模缩减或者面临破产倒闭的麻烦，进而影响我国出口量，使得我国出口量进一步下降。金融危机的发生让我国的金融机构出现了风险，并且金融机构与金融机构之间，金融机构与一般企业之间都有着密切的联系，这样一来风险就会在它们之间传递。对于金融机构最直接也是最大的危害就是银行信贷的缩紧，即金融机构预期风险会上升，必将提升贷款条件或者降低贷款额度，也就是说银行对企业不愿意提供之前的贷款额度，或者是说将提供贷款的利率调到很高。尽管我国已实施宽松的货币政策，在不断地努力调低基准利率的水平，但市场利率却没有下降反而有所上升，这就决定了企业筹资成本还是居高不下。面对融资难的困境，出口商就很难获得良好的发展条件，即不能够得到信用融资和信用担保，这势必会使这些企业出口规模下降，进而迫使我国出口量的减少。

四、外商直接投资效应传导机制

"外商直接投资效应"在出口贸易层面发挥作用倚靠的是我国外商投资流入量减少而实现的。我国外商投资额的减少表现在两个方面：一方面，金融危机的爆发会导致其国内的流动性不足，直接的表现就是金融机构与企业的经营会出现风险，从而一些跨国公司的经营出现问题，面临亏损或破产的窘境。此类公司高度依靠银行信贷资金维持其高额资金的运转，若此时得不到及时的贷款支持，他们就会处置在海外的投资或者进行撤资，对本国公司或本国本部进行救急，尤其是在国外需求不足、市场萎缩的情形下，这些出口型的外资企业必将撤回资金。另一方面，对于那些已在中国选好投资对象甚至已经签订了合同的跨国公司，伴随着金融危机对我国投资市场的破坏日益明显，产生了对市场前景的担忧，进而会选择放弃在我国的投资或者少投资，即遭遇"撤资风暴"，这将致使中国的实际利用外资额骤然减少，接下来就会使我国的出口速度和预期相比出现下降。

五、预期效应传导机制

本书中所指的预期效应在对外贸易领域产生的作用主要是靠影响我国出口企业预期实现的。一国爆发金融危机后，与它有密切贸易关系的国家从事对外贸易的企业在签订发货详单前，预期在进行汇率收付的过程中存在的不确定性增加，必然能理性地控制贸易订单的数量，这将导致与其贸易关系密切国家的出口商品总量缩减。该贸易伙伴国企业在该国市场能提前判断出收汇风险上升，主要依据的是危机国的流动性紧缩。一般而言，当某个国家出现流动性困难时，该国出口企业就面临流动资金支持不足的不利境地，因此，它在进行结算时的支付本领肯定不如从前，这体现在两点：第一点，从事外贸活动的企业因本身的经营境况变坏，势必会削弱其资金进行周转的能力；第二点，银行的信贷规模紧缩，对于极依赖银行提供资金运转的外贸企业而言，它们会面临融资难的困境，表现为资金的流动困难，进而就使它们的对外支付能力下降。因此，我国从事出口贸易的企业预期在进行汇率收付的过程中存在的不确定性增加，它们必然会小心翼翼地签订单，防止出现不良款项给企业带来不必要的亏损。假设有这么一个想法，即将它变更为风险较低的其他市场，但这种操作想要在短期内完成也十分困难，综上所述，企业预期的恶化必然会导致对外贸易总量的下滑。

第二节　金融危机对我国出口贸易影响的数据描述

一、金融危机对我国出口贸易月增长的影响

2007 年 7 月美国次贷危机爆发后，我国的出口贸易并没有马上遭受冲击。从 2006 年 1 月到 2008 年 9 月中国的月度出口总值基本上呈现出一个较为平稳的增长态势，从 2006 年 1 月的 649.89 亿美元逐月增加到 2008 年 9 月的 1364.32 亿美元。但是到了 2008 年 9 月以美国雷曼兄弟公司宣布破产为标志，美国的次贷危机演变成了国际金融危机，全球性的经济增速放缓对中国出口贸易的影响开始加速显现。从 2008 年 10 月开始，国际金融危机对中国的出口贸易就产生了显著的影响，外贸出口形势急转直下，出口额从 9 月的 1364.32 亿美元下降到 11 月的 1136.53 亿美元。与之相应月度的同比增速 2007 年美国次贷危机爆发后，我国出口增速依然保持增长势头，到 2008 年 11 月出现负增长，随后所有月份同比增长率均为负值，且都在 –15% 以上，直到 2009 年 12 月。显然，2009 年 1 月以来国际金融危机的深化并加速向实体经济的传染导致中国的出口贸易面临着严峻的挑战。

二、金融危机对我国出口贸易月平均增长率的影响

选取 2006 年到 2009 年的月度出口额分析美国次贷危机前后对对外贸易出口的影响，着重分析出口平均水平的变化。出口月平均增长率根据中经统计数据库海关月度数据整理计算得到，见表 2-1。从表 2-1 可以看出，美国次贷危机对我国出口的影响主要是 2009 年，2009 年出

口月平均增长率为 –15.73%，比上年下降了 33 个百分点。

表 2-1　2006—2009 年出口月平均增长率

年份	出口月平均增长率（％）
2006	26.95
2007	26.68
2008	17.56
2009	–15.73

第三节　金融危机影响我国出口贸易传导路径的实证分析

根据上一节对出口贸易领域受金融危机冲击的传导路径的阐述，本节从出口影响的收入效应、价格效应、金融效应、外商直接投资效应和预期效应五个传导路径开始，在理论分析的基础上选取相应的指标，通过建立的时间序列模型来验证影响我国出口的主要路径，为下一章的指数编制奠定实证基础。

一、数据的选取

从上述五个路径中选择变量指标（见表 2-2），采用月度数据对此次危机对我国出口贸易造成的影响进行计量模型分析，样本区间是 2005 年 1 月—2010 年 12 月。

表 2-2　扩散路径的指标选取

中国贸易出口		出口总额
传导路径	收入效应	美国国内生产总值（UGDP）
	价格效应	实际出口价格指数（EPI）
	金融效应	社会融资规模（SFS）
	FDI 效应	实际利用外商投资额（FDI）
	预期效应	企业家信心指数（EEI）

我国的出口贸易用出口贸易总额（EX）来衡量。收入传导路径是金融危机影响我国出口贸易最直接的传导路径，用美国的国内生产总值（GDP）作为国外总需求，数据来源于wind终端数据库。价格效应传导路径通过实际出口价格指数（EPI）来衡量，数据来源于wind终端数据库。金融效应通过社会融资规模（SFS）来衡量，数据来源于wind终端数据库。外商直接投资传导通过我国实际利用外资额（FDI）来衡量，数据来源于wind终端数据库。预期效应传导通过我国企业家信心指数（EEI）来衡量，数据来源于wind终端数据库。

为了消除数据的季节性趋势，采用Eviews8.0的X-12季节调整方法对数据进行季节调整，然后为消除异方差影响对所有数据取对数，得到变量都具有趋势性，所以，可以进行变量的单位根检验。

二、实证分析结果

（一）单位根检验

时间序列建模的基本要求是数据要具有平稳性，否则就会出现"伪回归"，使模型结果出现失真现象。单位根检验的目的就是对随机的时间序列进行检验进而判断它的平稳性。平稳性是指在时间变化的情况下，时间序列的统计规律并不发生变化。在经济学的实际研究中，通常获得的大多数时间序列不具有平稳性即都是不平稳的时间序列，因此，常用ADF检验法来检验平稳性。

以下是用Eviews8.0软件算出的LnEX、LnUGDP、LnEPI、LnSFS、LnFDI与LnEEI平稳性检验结果。

表2-3　影响出口贸易的各个变量的单位根检验

变量	检验形式 （C，T，K）	ADF 统计量	1% 临界值	5% 临界值	10% 临界值	结论
LnEX	（C，T，1）	−1.3309	−3.5270	−2.9036	−2.5892	不平稳
ΔLnEX	（C，N，1）	−11.5975*	−3.5270	−2.9036	−2.5892	平稳
LnUGDP	（N，N，2）	1.6009	−3.6329	−1.9456	−1.6137	不平稳
ΔLnUGDP	（N，N，2）	−2.3464**	−2.5989	−1.9456	−1.6137	平稳
LnEPI	（C，N，1）	−1.3458	−3.5270	−2.9036	−2.5892	不平稳
ΔLnEPI	（C，N，0）	−6.1281*	−3.5270	−2.9036	−2.5892	平稳
LnSFS	（C，N，2）	1.3183	−3.5285	−1.9457	−1.6137	不平稳
ΔLnSFS	（C，N，2）	−8.1742*	−3.5300	−2.9048	−2.5899	平稳
LnFDI	（C，N，2）	−0.9855	−3.5285	−2.9042	−2.5896	不平稳
ΔLnFDI	（C，N，1）	−10.3395*	−3.5285	−2.9042	−2.5896	平稳
LnECI	（N，N，3）	0.2407	−2.5994	−1.9457	−1.6137	不平稳
ΔLnECI	（N，N，2）	2.8140*	−2.5994	−1.9457	−1.6137	平稳

由表2-3可以看出，在ADF单位根检验中，原始数据LnEX、LnUGDP、LnEPI、LnSFS、LnFDI与LnEEI都是非平稳序列，但在经过一阶差分以后发现，所有序列均为一阶单整序列，因此，对上述序列均可进行下一步的协整检验和后面的格兰杰因果关系检验。

（二）Johansen 协整检验

1.VAR 模型滞后期的判断

在做协整检验之前需要先做VAR模型，这是因为协整检验对滞后期和检验形式的要求都是十分严格的，所以需要确定最优滞后期数。VAR最优滞后期的确定方法如表2-4所示，在确定VAR模型的最优滞后期后，根据AIC和SC同时最小化的原则，选取的最佳滞后期为3期。

表2-4　VAR 模型最优滞后期

Lag	LogL	LR	AIC	SC	HQ
0	448.5088	NA	−13.4094	−13.2103	−13.3307
1	893.7610	796.0571	−25.8109	−24.4175	−25.2603
2	997.1462	166.0429	−27.8529	−25.2651*	−26.8304

续表

Lag	LogL	LR	AIC	SC	HQ
3	1071.6430	106.1011*	−29.0195	−25.2373	−27.5250*
4	1095.8230	30.0425	−28.6613	−23.6848	−26.6949
5	1139.6480	46.4811	−28.8984	−22.7276	−26.4600
6	1185.7650	40.5267	−29.2050*	−21.8398	−26.2946

2. 协整检验

协整的目的是要明确在所有变量当中有没有持续的稳定性关系。因为 VAR 模型是不具有约束性的，而协整检验则是有约束性的，所以，协整检验的最优滞后期一般为 VAR 模型的最优滞后期减去 1，即最佳滞后期为 2 期。协整检验的结果如表 2-5 所示，这说明变量之间存在着长期的稳定关系。

表 2-5 协整检验

协整方程的个数	特征值	迹统计量	0.05 临界值	概率
没有 *	0.5429	144.6137	103.8473	0.0000
最多 1 个 *	0.4504	90.5933	76.9728	0.0032
最多 2 个	0.2784	49.2934	54.0790	0.1249
最多 3 个	0.2286	26.7782	35.1927	0.3002
最多 4 个	0.0734	8.8651	20.2618	0.7488
最多 5 个	0.0509	3.6076	9.1645	0.4737

由表 2-5 的结果可以看出，模型存在着两个协整方程。Eviews 8.0 给出了最佳的协整方程，最佳协整方程式为：

$$LnEX=1.684297LnSFS+1.157464LnEEI+0.802604LnFDI-4.913615LnUGDP-11.01712LnEPI+80.47917$$

通过协整方程可以看出，它的各个参数的大小和正负代表着一定含义：我国的金融信贷规模对我国出口额有正影响，而且对出口的影响程度较大，说明我国金融信贷支持的增加有利于我国对外出口的增长。企业家信心指数对我国出口贸易有正影响，其波及范围也比较广，说明我国出口额的增减也受中小企业对出口形势预期的影响。实际利用外资额对我国出口额同样有正影响，说明外商直接投资有利于我国对外出口的增加；我国出口价格指数和出口额的系数为负，说明实际出口价格指数的上升会降低我国的出口额，而且可以看到出口价格指数与出口额是两个关系紧密的指标。

3. Granger 因果关系检验

LnUGDP、LnEPI、LnSFS、LnFDI 与 LnEEI 是否是导致 LnEX 变化的原因，就要用到 Granger 因果检验——判断因果关系的检验。其基本方法是：在回归方程中存在变量 Y 对 Y 的滞后变量，若将 X 的滞后变量加入后作为被解释的变量，方程的解释能力得到了增强，即 F 统计量大于临界值进而拒绝原假设，则说明存在从 X 到 Y 的单向的因果关系；同理，此时可以将 X 与 Y 进行位置的互换，若还是原假设被拒绝，则说明存在 Y 到 X 的单向的因果关系。按以上方法，分别做 LnEX 与 LnUGDP、LnEPI、LnSFS、LnFDI、LnEEI 的 Granger 因果检验。具体结果如下：

表 2-6　美国次贷危机模型中变量间的格兰杰因果检验

格兰杰的因果性关系	滞后长度	F 值	P 值	结论
Δ LnUGDP 不是 Δ LnEX 的原因	2	14.1460	8.E−06	拒绝
Δ LnEX 不是 Δ LnUGDP 的原因	2	0.38723	0.6805	不拒绝
Δ LnEPI 不是 Δ LnEX 的原因	4	5.60980	0.0007	拒绝
Δ LnEX 不是 Δ LnEPI 的原因	4	4.78117	0.0021	拒绝
Δ LnSFS 不是 Δ LnEX 的原因	3	2.44539	0.0723	拒绝
Δ LnEX 不是 Δ LnSFS 的原因	3	3.91724	0.0126	拒绝
Δ LnFDI 不是 Δ LnEX 的原因	4	12.3432	2.E−07	拒绝
Δ LnEX 不是 Δ LnFDI 的原因	4	0.59240	0.6695	不拒绝
Δ LnEEI 不是 Δ LnEX 的原因	2	15.3018	4.E−06	拒绝
Δ LnEX 不是 Δ LnEEI 的原因	2	0.97668	0.3820	不拒绝

由以上结果可以发现，在 5% 的显著性水平下，LnEPI 与 LnUGDP 是 LnEX 的格兰杰原因，而且 LnEPI 与 LnEX 是互因果关系；在 10% 的显著性水平下，LnSFS 是 LnEX 的格兰杰原因，LnEX 也是 LnSFS 的格兰杰原因；在 5% 的显著性水平下，LnFDI、LnEEI 均是 LnEX 的格兰杰原因。在滞后 4 期之内，我们可以发现自变量均对于因变量存在格兰杰因果关系。

4. 向量自回归的平稳性检验

向量自回归模型（VAR 模型）一般是对互相联系的时间序列进行预先测定。首先需要将滞后阶数敲定，根据本章第二节中 VAR 模型的 AIC 和 SC 准则，得到最佳滞后期为 3 期。在经济学的实践研究中，大多模型都是以严格性理论为基础，而 VAR 模型则是一个特例，它不要求模型的严谨性同时对参数而言也没有任何限制条件，所以 VAR 模型研究的重点并不是变量之间影响系数的大小，而是利用 VAR 模型研究方法的脉冲效应函数，来摸索变量之间的相互关系。对于 VAR 模型而言，需要做的第一步工作就是判断它有没有稳定性，接下来就要进行 AR 根检验。图 2-2 是 VAR 模型的平稳性检验结果，可以看出 VAR 模

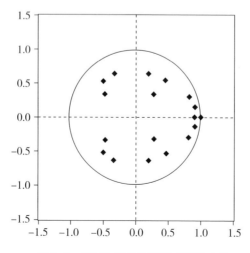

图 2-2　美国次贷危机 VAR 模型稳定性

型中的单位圆曲线内，包含了所有特征根的全部倒数值，即表明变量都通过了平稳性检验，进而能够继续做脉冲响应函数。

5.脉冲响应函数

对 VAR 模型而言，由于它所扮演的是一个过渡角色，其系数无法明确地解释经济含义，因此，进行脉冲响应才是研究 VAR 模型的着眼点。脉冲响应函数描述的是对模型执行一个相应的冲击后，在当前的一个阶段和之后的一些阶段都会起到一定的作用。本节主要探讨美国国内生产总值、我国出口价格指数、社会融资规模、外商直接投资与企业家信心指数每项都给一个正向打击后，我国出口额在所研究的 10 期范围内的变动趋势，结果如图 2-3 所示。

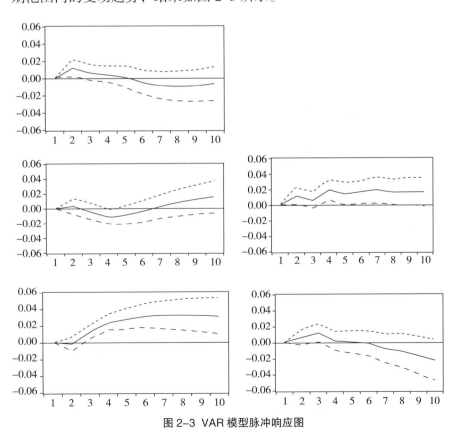

图 2-3 VAR 模型脉冲响应图

图 2-3 反映了变量的波动情况，可以看出，在一开始给美国国内生产总值（LnUGDP）一个正向的冲击后，中国出口（LnEX）在前 5 期都是正向反应，这个反应的力度在前 2 期是加速增长的，在第 2 期达到最大，随后增速逐渐减缓，在第 5 期接近于 0，在之后的 5 到 10 期的冲击为负。总体而言，正向冲击为主要作用，说明美国国内生产总值的增加会使中国出口增加。

在一开始给出口价格指数（LnEPI）一个正向的冲击后，中国出口（LnEX）在 10 期内的总体反应是负向冲击。这说明出口价格上升在长期会使中国出口下降。在前两期略有正向反应，但可以忽略不计。在 6 到 10 期内也出现上升趋势，但与现实会有些许出入。在现实中，中国出口商品出口价格的外币标价上升致使我国出口产品竞争力下降。

在一开始给社会融资规模（LnSFS）一个正向的冲击后，中国出口（LnEX）在 10 期的反应全部是正向的。在前 5 期内呈现波动式上升，并且在第 4 期达到峰值，之后表现为平稳的正效应。这说明国内融资规模的扩大在长期会对中国出口产生正向效应。中小企业在金融危机时期面临的最大问题就是融资困难，资金难题解决有助于保证这些企业持续发展，进而为我国出口产业提供支持。

在一开始给实际利用外资额（LnFDI）一个正向的冲击后，中国出口（LnEX）在前 6 期的反应是连续且正向的，且这个冲击的分量在 3 期达到最大。但在 6 期之后开始下降，表现的是负冲击，但这与现实有些许出入。在现实中，实际利用外资额的增加会使中国出口增加。

在一开始给企业家信心指数（LnEEI）一个正向的冲击后，中国出口（LnEX）在 10 期的效应全部是正向的。在 10 期里一直保持直线上升，并且在第 6 期达到峰值，之后仍表现为平稳的正效应。这说明，国内企业家保持对战胜金融危机的信心在长期会对中国出口产生正向效应。如果企业家对出口前景持悲观态度，就会减少投资规模并缩减生产，从而对出口贸易的发展产生不利影响。

第三章　金融危机对我国服务贸易
出口扩散影响的实证检验

之前的论证分析了金融危机是如何通过收入效应、价格效应、金融效应、外商直接投资效应和预期效应这五个路径进而影响整个出口贸易的。就其本质而言，金融是为实体经济服务的部门，但是现代金融已经发展成为经济运行的核心，对经济具有巨大的作用。金融危机的冲击使得世界经济陷入衰退，国际服务贸易也紧随其后受到明显影响。那么，如何用数据来具体说明金融危机给国际服务贸易带来的具体影响呢？

本章首先以金融危机前后的 2004 年第一季度到 2012 年第四季度的季度数据为基础，运用定量比较的方法，从服务贸易整体、服务贸易分行业（传统行业与新兴行业）和服务贸易对象等角度，就金融危机对我国服务贸易的影响进行详细的研究，具体分析了对贸易出口的整体影响、对各行业的影响以及对于贸易对象的影响。之后，构建了国外总收入、外国服务贸易进口、外商投资以及货物贸易出口对我国服务贸易出口影响的计量经济模型，以此反映各传导路径对我国服务贸易的影响程度。

第一节　国际服务贸易理论沿革

比较优势理论的代表人物是大卫·李嘉图和赫克歇尔，只要一个国家具备不同于其他国家的资源、技术等优势，就可以通过降低该商品的成本，在国际贸易中处于有利地位，进而具备比较优势。该理论是否适用于国际服务贸易，在学术界是有争论的，大体形成了以下三种观点：第一种是该理论在解释国际服务贸易方面存在很大缺陷和不足；第二种是该理论完全可以用来解释国际服务贸易；第三种是该理论在解释国际服务贸易方面存在一定的缺陷，但经过一定的调整后，是可以适用国际服务贸易的。随着对服务贸易研究的不断深入，学术界对第三种观点更加认同。通过适当地修正和调整，比较优势理论是可以适用于国际服务贸易的。

迈克尔·波特于 1990 年提出了以竞争优势作为核心的国家竞争优势理论，即著名的"钻石模型"。该模型包括四大基本要素和两大辅助因素。四大基本要素是生产要素、需求条件、辅助行业和企业战略。两大辅助因素是政府与机遇。一国的服务贸易比较优势并非静态的，而是动态变化着的。一国只有将动态和不稳定的比较优势转化为竞争优势，才能使该国服务贸易获得长期稳定的发展。

传统的比较优势理论从全球角度出发，考察了一个国家在完全竞争市场如何根据自身优势进行资源配置，从而提升全球的生产率。而竞争优势理论则是从国家角度出发，考察了一个国家在不完全竞争市场如何获得比其他国家更多的优势。相较而言，不完全竞争市场更符合实际情况。竞争优势理论所提出的四大基本因素和两大辅助因素的动态互动模式，对于全面刻画服务贸易的发展态势有着积极意义。

第二节 金融危机对我国服务贸易的影响分析

本节以 2004 年第一季度到 2012 年第四季度的数据为基础，运用定量比较的方法，从服务贸易整体、服务贸易分行业和服务贸易对象等角度，就金融危机对我国服务贸易的影响进行详细的研究。

一、金融危机对我国服务贸易整体的影响分析

通过图 3–1 可以看到，在金融危机发生前，我国的服务贸易出口额和进口额都按季度保持着良好的增长趋势。在金融危机发生的 2007 年第三季度，我国服务贸易出口额和进口额都没有立即下降。但是到了 2008 年 9 月以美国雷曼兄弟公司破产为标志，美国金融危机演变为国际性的金融危机，全球性的经济增速放缓对我国服务贸易影响开始加速显现。从 2008 年第四季度开始，金融危机对我国服务贸易产生了显著的影响，出口额和进口额打破了季度增长的趋势，都低于 2008 年第三季度的数值，分别是 365.63 亿美元、400.47 亿美元，且 2009 年的前 3 个季度的出口额和进口额都低于 2008 年的同期数值。而从 2009 年第四季度以后，我国的服务贸易才开始恢复，保持着季度增长的趋势。与之相应的季度同比增速在美国金融危机爆发后，同样保持着增长势头，到 2009 年第一季度，无论是出口额还是进口额，都出现了负增长，且一直持续到 2009 年第三季度，服务贸易出口额和进口额最大负增长出现在 2009 年第二季度，分别是 –27.25%、–8.25%。由此可见，相比服务贸易进口，我国服务贸易出口受金融危机影响程度更深，且最深影响时

间在金融危机爆发的一年后，即 2008 年第四季度到 2009 年第三季度。

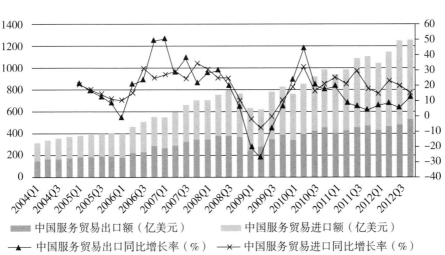

图 3-1　2004—2012 年我国服务贸易发展情况

从表 3-1 的服务贸易差额来看，在金融危机发生前，我国的服务贸易逆差一直在缩小，到 2007 年，服务贸易逆差只有 76.0 亿美元。金融危机的发生，使得服务贸易出口额不断下降，而一直上涨的进口额造就了贸易逆差规模扩大化的局面。2008 年、2009 年的服务贸易逆差规模分别为 115.6 亿美元、295.1 亿美元，分别比上年增长了 52.1%、155.3%。2010 年，贸易逆差有所下降，但 2011 年、2012 年两个年度，则进一步扩大，这可能是由于其他国家服务贸易出口恢复之后，我国的进口需求进一步增强造成的。这也从侧面反映出我国的服务贸易结构的进一步失衡，因此，调整服务贸易结构势在必行。

表 3-1　2004—2012 年我国服务贸易差额

单位：亿美元

年份	2004	2005	2006	2007	2008	2009	2010	2011	2012
服务贸易差额	−95.5	−92.6	−89.1	−76.0	−115.6	−295.1	−219.3	−549.2	−897.0

通过金融危机对我国服务贸易整体的影响分析，可以得出结论：
2008 年第四季度到 2009 年第三季度，我国服务贸易受金融危机影响程
度最深，且我国的服务贸易出口受到了最大程度的打击，服务贸易进
口受到的打击程度相对小些。正是由于这个原因，我国的服务贸易逆
差规模在金融危机的影响下进一步扩大了。

二、金融危机对我国服务贸易行业的影响分析

鉴于我国服务贸易出口遭受的冲击较大，本节主要从金融危机对
我国服务贸易行业出口影响的角度进行分析。

（一）传统服务贸易行业出口深受金融危机冲击

金融危机的发生对以运输、旅游为主的传统服务贸易造成沉重打
击。从图 3-2 可以看出，在金融危机发生前的 2004 年，一直到金融危
机发生后的 2008 年，我国的运输服务、旅游出口额都保持着良好的增
长势头。2009 年，这两个行业的出口额都出现了不同程度的下滑，分
别为 235.7 亿美元、396.8 亿美元。直到 2012 年，运输服务出口额才恢
复到 2008 年的历史水平，而旅游出口额在 2010 年就超过了 2008 年的
历史值。

从同比增长率来看，旅游出口的同比增长率变动幅度较小，除了
在 2004 年同比增长率达到了 47.9% 以外，其他年份的同比增长率都在
20% 以下变动。在 2009 年出现负的增长率，为 -2.9%。2010 年，旅游
出口获得了较好的恢复，同比增长率达到 15.5%，并在此后保持着较
低的增长率。就运输服务贸易出口的同比增长率来看，波动幅度较大，
在金融危机的影响下，2008 年、2009 年的同比增长率都有明显的下降，
2008 年的同比增长率由 2007 年的 49.1% 下降至 22.6%，而 2009 年已

经出现了负增长，较 2008 年下降了 61.3%。

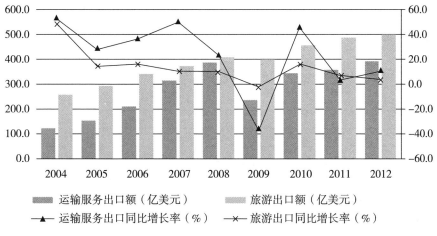

图 3-2　2004—2012 年我国传统服务贸易行业出口及其增长率变动情况

通过以上分析，可以得出结论：金融危机的发生使我国的传统服务贸易行业出口受到了严重打击，2009 年运输服务、旅游出口额都明显下降，同比增长率表现为负值。之所以传统服务贸易行业会受到严重打击，原因可能有两点：一是金融危机导致市场需求减少，从而国际货物贸易量必然下降，与货物贸易联系紧密的运输服务需求也会因此大幅度下降；二是金融危机的发生使得危机发生国的居民收入减少，从而对我国的入境旅游造成很大冲击。

（二）新兴服务贸易行业出口受金融危机影响较小

相比以运输服务和旅游为代表的传统服务贸易出口受到金融危机的较大冲击，具有高附加值的保险、金融、咨询等新兴服务贸易出口在本次金融危机中并没有受到太大的冲击。从图 3-3 我国主要新兴服务贸易行业出口额来看，2004—2012 年，保险服务、金融服务、计算机和信息服务、咨询的出口额基本上均处于逐年上升趋势，并没有因为金融危机的发生而出现下降的情况。到 2012 年，保险服务、金融服务、计算机和信息服务、咨询的出口额分别达到 33.3 亿美元、18.9 亿美元、144.5 亿美元、334.5 亿美元。

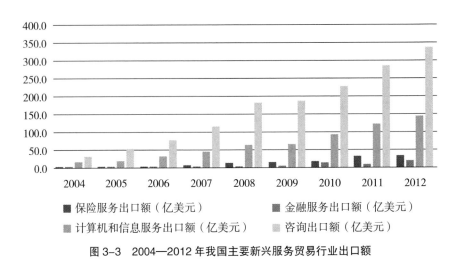

图 3-3　2004—2012 年我国主要新兴服务贸易行业出口额

从图 3-4 我国主要新兴服务贸易行业出口的同比增长率来看，无论是在金融危机发生前还是发生后，金融服务出口的同比增长率变动幅度都较大，最高值为 2010 年的 204.1%，最低值为 2011 年的 −36.2%。

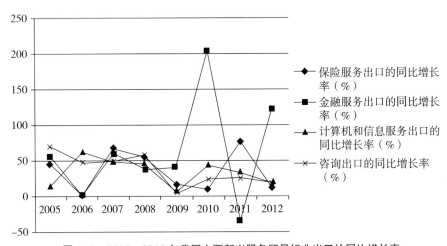

图 3-4　2005—2012 年我国主要新兴服务贸易行业出口的同比增长率

而其他三个行业的波动情况相对较小，且有些年份存在一定的一致性，2009年都出现了较大幅度的回落，但没有出现负的增长率。这些都说明了我国新兴服务贸易的出口发展还不是很稳定，且受到金融危机的影响程度较小。

通过上述分析，可以得出结论：金融危机对新兴服务贸易出口的影响程度要远小于传统服务贸易。保险服务、金融服务、计算机和信息服务、咨询的出口在金融危机影响最严重的2009年也没有减少，只是同比增长的回落幅度较大（但金融服务2009年的同比增长率并没有回落）。

三、金融危机对我国服务贸易对象的影响分析

对外贸易活动是一个国家同其他国家和地区进行的贸易进口和出口的活动，其他国家和地区就是我国的贸易对象。每个贸易对象的经济发展状况与贸易需求是不一样的，故而金融危机对它们的影响程度也是不同的。因此，本节采用排名前五位的服务贸易对象在我国服务贸易出口额中所占比重来分析金融危机对我国服务贸易对象的影响，经过计算后的数据如表3-2所示。

表3-2　我国各服务贸易对象出口占出口总额的比重

单位：%

服务贸易对象	各服务贸易对象出口占出口总额的比重		
	2007年	2008年	2009年
中国香港	25.5	28.6	28.9
美国	14.9	15.6	6.4
欧盟	13.1	14.6	13.3
日本	8.7	7.4	7.4
东盟	6.5	7.1	7.3
总计	68.7	73.3	63.3

资料来源：经中国服务贸易2007—2009年发展报告整理所得。

金融危机发生后，我国服务贸易对象出口比重的位次发生了变化，由 2007 年、2008 年的中国香港、美国、欧盟、日本和东盟变为 2009 年的中国香港、欧盟、日本、东盟和美国。除日本外，2008 年在其他国家和地区的出口份额都有所上升。而 2009 年变动情况较大，在中国香港、东盟出口份额继续上升，分别为 28.9%、7.3%；在日本的出口份额持平，为 7.4%；在美国、欧盟的出口份额下降，分别为 6.4%、13.3%，且在美国下降幅度很大，下降了 9.2%。从五大贸易对象总体出口份额看，2009 年出现了下降，且低于 2007 年的水平。由于此次金融危机发生在美国，且与美国经济往来密切的欧盟受到影响最大，因此，在这两个贸易对象的出口份额下降最多，这也说明了金融危机对中国、对美欧服务贸易出口有一定的负面影响。

综合以上三部分的分析可以得出：从整体上看，2008 年第四季度到 2009 年第三季度是我国服务贸易受金融危机影响最严重的时期，服务贸易出口总额明显回落，且贸易逆差不断扩大；从分行业来看，传统服务贸易行业出口大幅度下降，新兴服务贸易行业受到的影响程度相对较小；从贸易对象角度看，金融危机对中国对美欧服务贸易出口有一定的负面影响。

第三节　金融危机对我国服务贸易影响的实证分析

金融危机国际传导的贸易溢出效应是指，当一个国家发生金融危机后，由于本币贬值，给与其贸易往来密切的国家和地区的宏观经济带来冲击，亦会给这些国家和地区带来金融危机的影响。基于此，本章在理论分析的基础上，构建了总收入、服务贸易进口、外商投资以及货物贸易出口对我国服务贸易出口影响的计量经济模型，以此反映各传导路径对我国服务贸易的影响程度。

一、金融危机对我国服务贸易出口影响的传导路径分析

（一）总收入传导路径

当一国发生金融危机，经济会出现停滞现象，不仅影响国民收入水平，也会影响该国消费能力，从而减少进口，造成与其贸易关系密切的国家和地区的出口减少。由于实际收入水平下降造成需求减少，势必会影响作为贸易大国的中国，服务贸易作为对外贸易的重要组成部分也不会例外。中国香港、美国、欧盟和日本长期以来都是我国服务贸易的重要出口市场，出口到这四个国家和地区的服务贸易额比重占 60% 左右。中国 2007 年、2008 年和 2009 年服务贸易发展报告数据显示，我国服务贸易出口到中国香港、美国、欧盟、日本的比重之和分别为 62.2%、66.2% 和 56.0%。这四个国家和地区的经济波动情况会通过收入效应影响我国服务贸易出口。

（二）服务贸易进口传导路径

金融危机不仅会减少危机发生国和受影响国的货物消费支出，也会影响服务消费支出，从而相应地减少服务进口需求。美国服务贸易进口的减少，会通过金融危机的连锁反应影响到日本、欧盟、中国香港等国家和地区的服务贸易出口增长和出口结构。中国历年服务贸易发展报告数据显示：2007 年我国服务贸易对中国香港、美国、欧盟、日本的出口总额为 757.4 亿美元，2008 年为 968.7 亿美元，2009 年为 720 亿美元，由于金融危机的影响，2009 年出口总额出现了明显的下降，比 2008 年少了 148.7 亿美元，而且也低于 2007 年的水平。可见，

金融危机使得遭受冲击的国家和地区的服务贸易进口锐减，这会对我国服务贸易出口造成不小的冲击。

（三）外商投资传导路径

金融危机的发生，会使得危机发生国或受影响国对海外投资重新进行评估，一方面国内资本流动性不足，另一方面国外市场萎缩，因而会产生撤资行为。因此，在金融危机的影响下，我国吸收的外商投资流入量会大大下降。外商对于服务行业投资的减少，会对我国服务贸易出口产生一定的冲击。中国国家统计局数据显示，2008年第四季度外商在华直接投资开始出现负的同比增速，为 –34.59%，直到2009年第四季度才恢复到正的同比增速，为45.76%。可见，从2008年第四季度开始，金融危机通过外商直接投资途径对我国服务贸易出口产生了影响，这种情况延续了一年的时间。

（四）货物贸易出口传导路径

金融危机会减少危机发生国和受影响国的货物消费支出，从而相应地减少货物贸易的进口。作为贸易大国，我国的货物贸易出口势必会受到影响。一般来说，服务贸易是伴随着货物贸易的发展而壮大的，服务贸易的增长速度与货物贸易的增长速度呈正相关，因此，货物贸易出口受到冲击也会连带着影响服务贸易出口。中国国家统计局数据显示，2009年我国货物贸易出口增长率为 –15.88%，比2008年下降了33.17个百分点。由此可见，金融危机对我国货物贸易出口产生了很大的冲击，从而对我国服务贸易出口造成一定影响。

二、实证分析的方法选择

通过上述理论分析，可以看到在金融危机的影响下，总收入、服务贸易进口、外商投资、货物贸易进口四个传导路径都会对我国的服务贸易出口造成一定冲击。为了探究这四个传导路径对我国服务贸易出口的不同影响程度，应该建立计量经济模型。本章通过格兰杰因果关系检验总收入、服务贸易进口、外商投资和货物贸易出口四个传导路径与我国服务贸易出口之间的相关性，并建立协整和误差修正模型检验这四个传导路径在金融危机背景下对我国服务贸易出口的影响程度和差异，从而以定量的视角刻画金融危机对我国服务贸易的影响。

（一）单位根检验

众多研究表明，大多数经济时间序列数据通常具有一定的趋势性，是不平稳的，如果采用传统的计量经济模型直接对数据进行 OLS 法回归，可能引发"伪回归"现象。因而，对时间序列数据进行实证研究的前提条件就是数据是平稳的。序列平稳性通过单位根来检验，本章将采用常见的 ADF 方法检验。

（二）格兰杰因果关系检验

进行格兰杰因果关系检验的前提是变量必须是平稳的。在经济学中，高度相关的变量不一定具有因果关系，因此，判断变量之间是否存在因果关系有着重要的经济意义。格兰杰因果关系检验可以用来检验变量之间是否存在因果关系。

（三）协整模型

协整分析思想为处理非平稳时间序列提供了新的思路，且能够有效解决传统计量经济模型在处理非平稳数据时存在"伪回归"现象的问题。本章将采用 E-G 两步法就我国服务贸易受金融危机的影响进行协整检验。

（四）误差修正模型

协整模型描述的是变量之间的"长期均衡"关系，要想描述经济变量的短期动态过程，则应建立误差修正模型，建立此模型可以防止长期关系的偏差在规模和数量上的扩大。

三、金融危机对我国服务贸易影响的实证分析

（一）指标选取和数据处理

为了更好地分析美国金融危机对我国服务贸易的影响，本章以金融危机理论和国际贸易理论为基础，从影响我国服务贸易的四个主要传导路径选取指标（见表3-3），并加入虚拟变量 DV 以考察金融危机因子对我国服务贸易的影响强度。考虑到数据的可获得性和研究样本的有效性，本章采用季度数据建立模型，样本区间是2004年第一季度到2012年第四季度。

表3-3　中国服务贸易及各传导路径指标的选择

变量	含义
中国服务贸易	中国服务贸易出口总额（SX）
总收入传导	中国香港、美国、日本、欧盟实际收入之和（AGDP）
服务贸易进口传导	中国出口到中国香港、美国、日本、欧盟的服务贸易总额之和（ASX）
外商投资传导	中国实际利用外资金额（FDI）
货物贸易出口传导	中国货物贸易出口总额（EX）

我国的服务贸易用出口总额（SX）来衡量，这是因为出口对世界经济形势变化的反映要比进口敏锐。数据来源于 UNCTAD，由于2004年、2005年只有年度数据，因此，本章采用了 EVIEWS 7.0 中的数据频率转换功能把出口总额的2004年、2005年两年的年度数据转换为季度数据，选取的方法是二次插值法。总收入传导用主要贸易伙伴国

家和地区的实际收入（AGDP）来衡量，即中国香港、美国、日本和欧盟的实际 GDP 数据之和。欧盟的 GDP 数据来源于 http://edatasea. com /Content/us/ID/1，其他国家和地区的 GDP 数据来源于 BVD–EIU Country data，且它们的 GDP 数据都是经过季节性调整的。国外服务贸易进口传导用我国出口到中国香港、美国、日本、欧盟的服务贸易总额之和（ASX）来衡量，但由于我国出口到这四个国家和地区的服务贸易总额季度数据的难获得性，故而使用这四个国家和地区的国内服务贸易进口总额代替。数据来源于 UNCTAD，由于 2004 年、2005 年只有年度数据，故仍用二次插值法把 ASX 的 2004 年、2005 年两年的年度数据转换为季度数据。外商投资传导用我国实际利用外资金额（FDI）来衡量，数据来源于中国国家统计局。货物贸易出口传导用我国货物贸易出口总额（EX）来衡量，数据来源于中国国家统计局。对于虚拟变量 DV 的设置为：

$$DV = \begin{cases} 1 & 2007年第三季度—2009年第四季度 \\ 0 & 其他 \end{cases}$$

为了消除时间序列的季节性趋势，笔者对除 GDP、虚拟变量之外的所有数据用 X–12 的方法进行季节性调整；为了消除时间序列的异方差，对 SX、AGDP、ASX、FDI 和 EX 取自然对数。本章所构建的金融危机对我国服务贸易影响的实证分析将采用 EVIEWS 7.0 完成。

（二）计量经济模型构建

基于实证分析所选择的方法，本章假设金融危机四个方面的传导路径与我国服务贸易出口之间呈线性关系，其取自然对数之后，并加入虚拟变量的线性模型表示如下：

$$\text{Ln } SX = c + \beta_1 \text{Ln } AGDP + \beta_2 \text{Ln } ASX + \beta_3 \text{Ln } FDI + \beta_4 \text{Ln } EX + \beta_5 DV + \mu \quad （3-1）$$

式中：LnSX 为我国服务贸易出口总额的自然对数；c 为常数项；LnAGDP 为中国四大贸易伙伴国家和地区（美国、日本、欧盟、中国香港）的实际 GDP 的自然对数，LnASX 为中国四大贸易伙伴国家和地区（中国香港、美国、日本、欧盟）的国内服务贸易进口总额的自然对数，LnFDI 为我国实际利用外资金额的自然对数，LnEX 为我国货物贸易出口总额的自然对数，DV 为虚拟变量；β_1、β_2、β_3、β_4、β_5 为变量的系数，μ 为扰动项。

（三）实证分析过程

1. 单位根检验

只有时间序列数据是平稳的，变量之间的因果关系才能成立，变量之间的协整分析才具有有效性。否则，变量之间因果关系的分析不具有有效性，所建立的模型也会出现"伪回归"现象。因此，在建模之前，先用 ADF 方法对数据的平稳性进行检验。首先，根据图 3-2 和图 3-5 从整体上和宏观上观察各变量的发展趋势，从而可以直观判断各变量是否存在截距项和趋势项，从而为选取合适的检验形式提供一定的帮助。

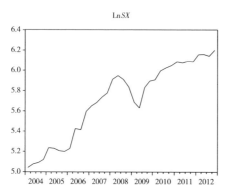

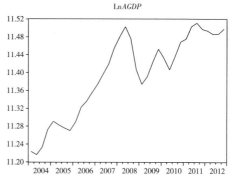

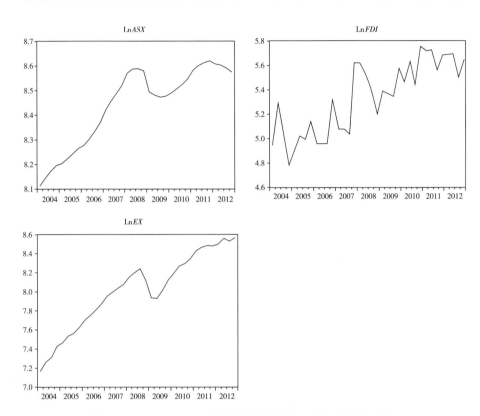

图 3-5　2004—2012 年我国服务贸易出口各变量对数的趋势图

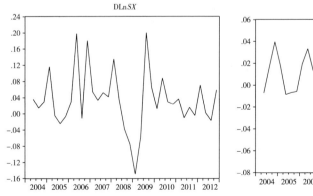

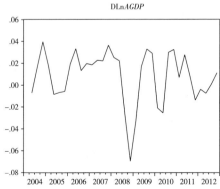

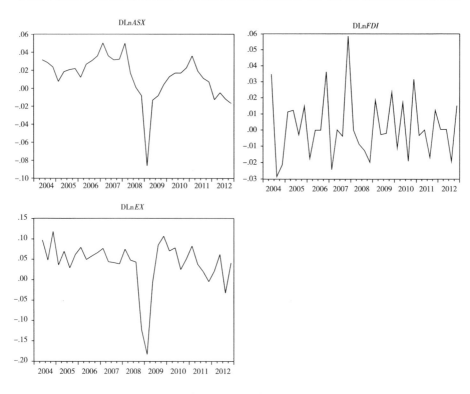

图 3-6　2004—2012 年我国服务贸易出口各变量对数差分后的趋势图

图 3-5 显示，除 Ln*FDI* 外，其他变量的截距项和趋势项都比较明显，可见这些变量是非平稳的。从图 3-6 来看，经过一阶差分后，变量 ΔLn*SX*、ΔLn*AGDP*、ΔLn*ASX*、ΔLn*FDI* 和 ΔLn*EX* 都没有截距项和趋势项，呈现平稳的特征。为避免观察的偏差，本章使用 ADF 检验方法对各序列的平稳性做进一步验证，从而使检验结果更具说服力。检验结果如表 3-4 所示。

表 3-4　金融危机对我国服务贸易出口影响模型各变量的单位根检验结果

变量	检验形式（C,T,K）	ADF 统计量	1% 的临界值	5% 的临界值	10% 的临界值	结论
Ln*SX*	（C,T,0）	−1.8137	−4.2436	−3.5443	−3.2047	不平稳
ΔLn*SX*	（N,N,0）	−4.3049***	−2.6347	−1.9510	−1.6109	平稳

续表

变量	检验形式 (C,T,K)	ADF 统计量	1% 的临界值	5% 的临界值	10% 的临界值	结论
LnAGDP	(C,T,1)	−3.1640	−4.2529	−3.5485	−3.2071	不平稳
ΔLnAGDP	(N,N,1)	−4.7542***	−2.6370	−1.9513	−1.6107	平稳
LnASX	(C,T,2)	−1.8983	−4.2627	−3.5530	−3.2096	不平稳
ΔLnASX	(N,N,0)	−2.5256**	−2.6347	−1.9510	−1.6109	平稳
LnFDI	(C,N,0)	−1.8498	−3.6329	−2.9484	−2.6129	不平稳
ΔLnFDI	(N,N,0)	−7.3824***	−2.6347	−1.9510	−1.6109	平稳
LnEX	(C,T,1)	−2.7364	−4.2529	−3.5485	−3.2071	不平稳
ΔLnEX	(N,N,1)	−2.8794***	−2.6347	−1.9510	−1.6109	平稳

从表 3−4 的单位根检验结果可知，$LnSX$、$LnAGDP$、$LnASX$、$LnFDI$、$LnEX$ 都是非平稳的时间序列，而经过一阶差分后的 $\Delta LnSX$、$\Delta LnAGDP$、$\Delta LnFDI$、$\Delta LnEX$ 通过了 1% 的显著性检验，$\Delta LnASX$ 通过了 5% 的显著性检验，因此，这些时间序列变量都是平稳的。

2. 格兰杰因果关系检验

检验时间序列的平稳性对于避免模型出现"伪回归"现象具有重要意义，而变量之间的因果关系检验不仅可以为模型确定自变量和因变量，同时也可以帮助验证前述理论分析的合理性。本章采用格兰杰因果关系检验判断变量 $LnSX$ 与变量 $LnAGDP$、$LnASX$、$LnFDI$、$LnEX$ 的因果关系，检验结果如表 3−5 所示。

表 3−5 金融危机对我国服务贸易出口影响模型的格兰杰因果关系检验结果

格兰杰因果关系	滞后长度	F 统计量值	5% 的临界值	结论
LnAGDP 不是 LnSX 的格兰杰原因	2	3.6646	3.31	拒绝
LnSX 不是 LnAGDP 的格兰杰原因	2	1.0661	3.31	接受
LnASX 不是 LnSX 的格兰杰原因	2	3.8934	3.31	拒绝
LnSX 不是 LnASX 的格兰杰原因	1	5.8807	4.16	拒绝
LnFDI 不是 LnSX 的格兰杰原因	6	9.6102	2.41	拒绝
LnSX 不是 LnFDI 的格兰杰原因	1	0.0974	4.16	接受
LnEX 不是 LnSX 的格兰杰原因	2	3.8737	3.31	拒绝
LnSX 不是 LnEX 的格兰杰原因	2	1.7393	3.42	接受

由表 3-5 可知：在 5% 的显著性水平下，Ln*AGDP*、Ln*ASX*、Ln*FDI* 和 Ln*EX* 的变动都是 Ln*SX* 变动的格兰杰原因，而 Ln*SX* 的变动是 Ln*ASX* 变动的格兰杰原因，不是 Ln*AGDP*、Ln*FDI* 和 Ln*EX* 变动的格兰杰原因。因此，可以在金融危机对我国服务贸易出口影响的模型中引入这四个变量，这也说明了上述理论分析的合理性，即金融危机对我国服务贸易的四方面传导路径是存在的。

3. 协整检验

通过单位根检验，发现我国服务贸易出口及其影响变量都是一阶单整序列，而格兰杰因果关系检验又进一步验证了变量 Ln*AGDP*、Ln*ASX*、Ln*FDI*、Ln*EX* 对 Ln*SX* 存在因果关系，故而可以建立金融危机对我国服务贸易出口影响的计量经济模型。本章采用"E-G 两步法"进行协整检验。利用 2004 年第一季度—2012 年第四季度的我国服务贸易出口及其影响变量的数据进行最小二乘回归，在消去一阶序列自相关后，得到的回归方程如下：

$$Ln SX = -13.719 + 0.7512 Ln AGDP + 0.8371 Ln ASX + 0.0974 Ln FDI$$

$$(-3.0651)\quad(1.5682)\quad\quad(1.8312)\quad\quad\quad(1.5984)$$

$$+0.4106 Ln EX - 0.0648 DV + \mu \quad\quad\quad\quad\quad\quad (3-2)$$

$$(2.3451)\quad\quad(-1.5427)$$

$$R^2 = 0.9859 \quad\quad F = 326.7360 \quad\quad\quad DW = 2.1040$$

若变量 Ln*SX* 和变量 Ln*AGDP*、Ln*ASX*、Ln*FDI*、Ln*EX* 之间具有协整关系，则回归方程中的残差 μ 应该是平稳序列，残差 μ 的单位根检验结果如表 3-6 所示。

表 3-6　残差序列 μ 的 ADF 检验结果

变量	ADF 值	1% 的临界值	5% 的临界值	10% 的临界值
残差序列 μ	−4.6219	−5.6025	−4.8246	−4.4324

通过表 3-6 可知，残差 μ 的 ADF 值小于 10% 显著水平下的临界值，故残差 μ 是平稳序列。因此，变量 $LnSX$ 与变量 $LnAGDP$、$LnASX$、$LnFDI$、$LnEX$ 之间存在长期协整关系。再次考虑协整模型，拟合优度很高，不存在序列相关性，且无论是从方程整体来看还是从各个变量的系数来看，都通过了显著性检验。因此，该协整模型很好地拟合了我国服务贸易出口受金融危机传导路径的影响情况。

从长期均衡方程的系数来看，主要贸易伙伴国家和地区的总收入之和与服务贸易进口总额对我国服务贸易出口的影响程度很大，系数分别为 0.7512、0.8371，而实际利用外商投资总额与我国货物贸易进口总额对我国服务贸易出口的影响程度相对较小，系数分别为 0.0974、0.4106。金融危机因子 DV 的系数为 –0.0648。对各个影响因素的具体分析如下：

（1）从国外总收入来看，系数符号符合理论意义，主要贸易伙伴国家和地区的总收入越高，外国对我国服务贸易出口的需求越大，即主要贸易伙伴国家和地区的总收入每增长 1%，我国服务贸易出口将平均增加 0.7512%。

（2）从外国服务贸易进口来看，系数符号具有合理性，主要贸易伙伴国家和地区的服务贸易进口量越大，我国服务贸易出口量就越多，即主要贸易伙伴国家和地区的服务贸易进口量每增长 1%，我国服务贸易出口将平均增加 0.8371%。

（3）从外商投资来看，实际利用外商投资总额对我国服务贸易出口产生了正向影响，即实际利用外商投资总额每增长 1%，我国服务贸易出口会平均增加 0.0974%。

（4）从货物贸易进口来看，我国货物贸易进口的增长会促进服务贸易出口的增长，即我国货物贸易进口每增长 1%，服务贸易出口会增加0.4106%。

（5）从金融危机因子来看，系数符号为负数，这说明了金融危机确实对我国服务贸易出口产生了冲击。金融危机期间，我国的服务贸易出口量会有一定程度的减少。这也充分说明了可以用服务贸易显示的金融危机程度来预警金融危机。

4. 误差修正模型

数据的长期均衡关系通过协整模型建立，在现实生活中，经济学的关注重点不仅包括数据的长期趋势，也包括变量之间的短期波动情况。误差修正模型为研究数据的短期波动情况提供了有益方法。针对上文建立的协整模型，用残差 μ 作为误差修正项，建立了如下的误差修正模型：

$$\Delta \mathrm{Ln}SX = 0.7774\ \Delta \mathrm{Ln}AGDP + 0.0742\ \Delta \mathrm{Ln}ASX + 0.1116\ \Delta \mathrm{Ln}FDI +$$
$$(1.7203) \qquad\qquad (0.1477) \qquad\quad (2.0591)$$

$$0.5783\ \Delta \mathrm{Ln}EX - 0.0028DV - 0.6889\mu_{t-1} + \varepsilon \qquad\qquad (3\text{-}3)$$
$$(2.6739) \quad (-0.1585) \quad (-3.3782)$$

$$R^2 = 0.6171 \qquad DW = 1.9071$$

从误差修正模型可以看出，误差修正项为负值且在统计上是显著的，证实了短期偏差向长期均衡的回归，即以 0.6889 的速度对我国服务贸易出口进行调整。从各传导路径和虚拟变量的系数来看，$\Delta \mathrm{Ln}AGDP$、$\Delta \mathrm{Ln}FDI$、$\Delta \mathrm{Ln}EX$ 统计上显著，说明这三个变量在短期内对我国服务贸易出口的增长具有一定的作用；而 $\Delta \mathrm{Ln}ASX$、DV 统计上不显著，说明这两个变量在短期内对我国服务贸易出口的增长没有明显的作用。

（四）实证分析结论

本章通过对 2004 年第一季度到 2012 年第四季度我国服务贸易出口受金融危机影响的统计数据进行实证分析，得出以下结论：国外总收入、外国服务贸易进口、货物贸易出口和外商投资这四方面的金融危机传导路径都是我国服务贸易出口的单向格兰杰原因；通过长期协整模型的建立，表明国外总收入、外国服务贸易进口对我国服务贸易出口的影响程度要高于外商投资、货物贸易进口的影响程度，且金融危机因子的负系数也进一步证实了金融危机对我国服务贸易出口的冲击；通过建立短期误差修正模型，证实了短期偏差向长期均衡的回归，且我国服务贸易出口的调整速度为 0.6889。总之，金融危机通过一系列传导路径影响了我国服务贸易的出口，加深了我国受金融危机的影响程度。所以，我国应建立也必须建立起服务贸易金融危机预警机制，从而增强我国服务贸易应对各种危机的能力，促进我国服务贸易持续稳定的增长，调整优化我国服务贸易的结构。

第四章　金融危机对我国资本市场　　扩散影响的实证分析

经济全球化是金融危机传导的背景条件，一旦爆发金融危机，国际经济形势也将复杂多变，势必会给我国宏观经济带来不同程度的影响，而资本市场跌宕起伏，也不利于我国经济的可持续、稳定发展。金融危机是如何影响到我国的资本市场的，几个影响的路径之间又有哪些不同？

对此本章通过金融危机前后的 2007 年 8 月到 2009 年 12 月的月度数据，研究金融危机对资本市场的影响。主要从汇率传导路径、国际资本流动路径、资产价格传导路径和心理预期传导路径四个扩散路径进行分析，同时通过单位根检验、协整检验、格兰杰因果检验、建立误差修正模型等方法对扩散路径进行具体测算。之后再选取 2006—2010 年 5 年共 60 个月的月度数据对分路径扩散指数进行综合评价分析，然后编制资本市场经济扩散总指数，并结合扩散总指数的变化给出金融危机临界值。

第一节　金融危机对我国资本市场的影响路径分析

一、汇率传导路径

汇率危机是国际金融危机的主要表现形式。汇率水平的大幅波动以及由此带来的其他市场的变化是金融危机在国际间传导的最主要机制。2007 年美国金融危机的爆发，使得美国资本市场首先出现泡沫式发展，实体经济出现下滑趋势，为了转嫁危机恢复经济，美元大幅度贬值；而日本、欧盟等国为应对危机的影响不断地调整利率，这就使得美元和其他货币走势持续疲软，促使人民币升值。汇率的升高影响了我国的利率、货币供应量等国家政策性问题，同时也对我国的国内经济发展产生了影响。2007 年人民币汇率持续升高，我国货币升值预期居高不下。通过查阅国家统计局网站，2008 年 7 月，国家统计局公布的国民经济数据显示我国居民消费价格水平同比上涨 7.9%。通货膨胀率通过两种途径影响我国汇率：一是在物价的变化上，高通货膨胀使得我国出口价格上升、出口减少，进口增加，出现国际收支逆差，影响汇率波动；二是高通货膨胀使得我国利率下降，投资者的投资回报率降低，资金从我国撤离，资产的流动性在外汇市场上得到表现，造成汇率波动。我国是出口贸易大国，出口是拉动我国经济发展的主要动力，人民币的升值减小了我国出口商品的竞争力。通过查阅中国海关资料可以看出，2008 年我国出口贸易总额增长速度首次低于 20%，为同比增长 17%，2009 年下滑趋势继续扩大，实现负增长，同比下降 33%，使得我国出口企业发展受挫，严重影响了企业的发展，阻碍了我国经济快速发展。同时，对人民币升值预期的增加也提高了国内证券市场的估值水平，促使大量的热钱流入我国，进而对中国的股市和证券业产生影响。

二、国际资本的流动路径

国际资本的流动总是伴随着热钱的流入、流出，这为我国经济的发展既带来了挑战，也带来了机遇。金融危机的爆发加剧了美国资本市场流动性缺乏的程度，使得美国经济增长速度放慢，大量资金从美国资本市场撤离，转投中国。金融危机时期，通过中国银行公布的数据可以看到，大量的热钱流入了中国，2005—2008年流入我国的热钱达到4592亿美元，约占同期新增外汇储备的40%，仅2008年前半年流入的热钱就高达1196亿美元，热钱的流入为我国经济的发展带来了机遇。但是金融危机引起的美国资本市场的流动性不足使得美国投资于我国的资金回撤，资金的流入、流出影响了我国资本市场的均衡，同时也对我国吸收和利用外资及企业的"走出去"产生了冲击。商务部公布的数据显示，自2008年10月以来，我国实际利用外资金额已经连续5个月出现同比下降，2009年2月全国实际利用外资金额58.33亿美元更是低于2008年9月国际金融危机加剧以来各月平均实际利用外资规模61.66亿美元，累计FDI同比降幅已经扩大至26.23%；危机对我国实际利用外资产生明显影响，使吸收效率降低。[①]金融危机的爆发为我国企业的"走出去"带来了机遇，2008—2009年，我国短期资本大规模流出，我国对外投资前景光明，企业发展较快，外债是我国筹措资金、用于投资的一种手段，适度的外债规模可以促进我国的经济增长，同时外债也是国际资本流动的重要途径。

三、资产价格传导路径

此处的资产价格主要是指作为资本市场上重要资产的股票的价格、证券价格等。金融危机后，通过瑞思数据库公布的数据可以看到，我

---

① Nobuhiro Kiyotaki，John Moore，"Credit Cycles"，*The Journal of Political Economy*，1997.

国上证指数下跌到 1664 点，深证指数下跌到 452.33 点，流通市值也大幅下降。危机爆发所引起的美国股市和全球股市的下跌，很大程度上是由于跨国金融机构在全球范围内降低风险资产比重的调整行为所致。危机爆发后，我国国内外向型企业的出口减少和进口竞争产品的影响使得国内企业的国内市场缩小。对国内企业状况恶化的预期，会导致国内企业股票价格的下跌，企业股票的资产价格出现波动，影响投资者的资产价值，投资者在这一市场不得不进行资产组合调整，由此使得资产价格的波动从一个市场传递到其他市场。这会促使"流动性陷阱"的产生，或者居民退出股票市场把钱存入银行。中国人民银行在《中国金融稳定报告》公布的研究数据表明，我国股市在 2007—2008 年间遭遇了多次大跌，国债收益率也在 2009 年 3 月降至最低值的 0.82% 左右，降幅为 2005 年以来最大。股价市值占 GDP 比重这一指标是衡量国家资产总值的高低，反映股市总市值的影响是否超越经济总量的承载能力的。同时，很多经济学家也认为其是全球流动性泡沫的预警指标。这一指标只有控制在合理的范围内时，才会使我国经济健康发展。股价市值占 GDP 的比重也是衡量投资的一个重要指标，这个指标并不是越高越好，而是要和国家的经济发展水平相适应。金融危机爆发时，我国的股价市值占 GDP 的比值达到了 123%，而 2006 年为 41%，这是一个投资市场的预警信号。

四、心理预期传导路径

美国股市的大跌引起全球股市发生波动，使得投资者对股市走势低迷的心理预期加重，这更加剧了美国金融危机的蔓延和恶化，使得我国投资市场形势悲观，投资者的信心降低甚至产生了恐慌心理。这种心理预期使得投资者作出了盲目的选择，将资金从资本市场大量撤离，造成股价波动，资本市场萎靡。金融危机对我国投资者的预期传导主要通过两条途径：一是对人民币的升值预期；二是对通货膨胀持续走高的预期。对人民币的升值预期会使更多的投资资金进入我国资本市场，造成股价波动。对通货膨胀的预期会使得投资者对我国股票市场看低，逃离我国资本市场，对股价造成影响。资本市场的萎靡会使企业融资成本增加，经营业绩下滑，造成很多企业家对企业的上市或者筹资等产生悲观态度，对企业的发展失去信心，引起企业家信心指数的下跌。同一时期热钱流入促使了我国经济过热发展，国内出现通货膨胀、消费者信心指数也出现下跌。通过数据汇网站资料显示，2008 年第三季度我国企业家信心指数从 70.4 降低到 48.5，银行家信心指数从第二季度的 36.7 降低到第三季度的 21，都达到了近几年统计数据的最低值。心理预期的影响效应不仅体现在资本市场，它还贯穿于汇率、资本流动、资产价格等其他机制的传导过程中，放大其他机制的传导效果。

由以上对金融危机传导路径的论述可以看出，各种传导机制相互作用、相互传导。每一种传导路径都会受到投资者和消费者的心理预期影响，且在其影响下加速传导并增强危机传导的效应。因此，预期传导机制虽然是间接传导机制，却是最重要的一种传导机制，可以认为是"传导中的传导"。

第二节　金融危机扩散路径测算

以上笔者用数据证明了金融危机对我国经济是存在传染效应的，

下面分别从四种传染渠道选取代表性指标，通过单位根检验、协整检验、格兰杰因果检验、建立误差修正模型等方法来论证金融危机对我国经济确实是存在传染效应的，误差修正模型的建立不仅描述了经济变量间的长期发展关系，也能够说明经济变量间的短期波动影响。

一、数据和代表性指标的选取

由于金融危机起步于 2007 年，爆发在 2008 年中期，为了更好地研究金融危机对我国的传染路径和影响力度，本书选取我国 2007 年 8 月—2009 年 12 月的月度数据进行分析。各传染渠道的代表性指标见表 4-1。鉴于国际金融危机始于美国的房地产市场所引起的次贷危机，当时美国的房价指数受到很大冲击，从一路上升忽然转为下降，笔者选取美国的标准普尔凯斯—席勒房价指数为因变量，论证其与影响我国经济发展的四个指标之间存在协整关系。

表 4-1 各传染渠道代表性指标的选取

变量名称	变量命名	数据定义	含义
直接投资净额	X_1	LnX_1	外商直接投资月度数据
恒生指数	X_2	LnX_2	恒生指数月度数据取对数
先行指数	X_3	LnX_3	先行指数月度数据取对数
实际有效汇率	X_4	LnX_4	实际有效汇率月度数据取对数
美国房价指数	Y	LnY	美国房价指数月度数据取对数

二、实证分析

（一）数据的预处理

时间序列数据经常会出现异方差现象，为避免数据的波动，消除数据中存在的异方差，需对上述外商直接投资净额（X_1）、恒生指数

（X_2）、先行指数（X_3）、实际有效汇率（X_4）、美国房价指数（Y）数据分别取对数。

（二）单位根检验（ADF）

计量经济模型分析实际问题时，时序变量要求满足平稳性要求，否则建立的模型会出现伪回归，使模型结果失真。本书运用 ADF 检验法对数据的平稳性进行检验，平稳性检验会涉及三个选项：有截距，有趋势，有截距和趋势，在检验之前，要根据趋势图从整体观察各变量的走势，以便直观判断其是否具有截距和趋势，为选取检验形式提供帮助。下面分别为几个变量的趋势图。

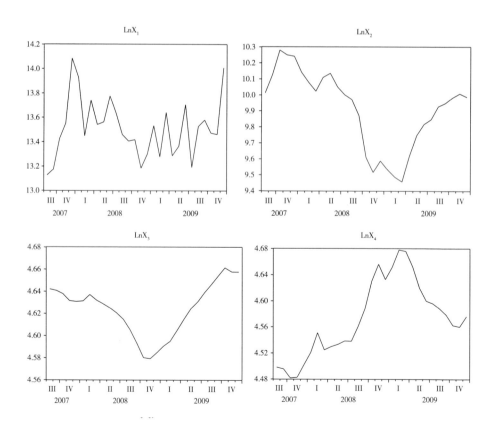

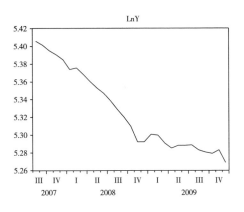

图 4-1　各变量指标趋势图

从图 4-1 中可以看出，数据均呈现非平稳的特征，说明原变量都是具有截距和趋势项的。为了使结果更具有说服力，避免观察的偏差，借助 ADF 检验做进一步的序列平稳性检验，结果如表 4-2 所示。

表 4-2　危机期各指标 ADF 检验

变量	检验形式（C,T,K）	ADF 统计量	1% 临界值	5% 临界值	10% 临界值	结论
LnX_1	（C,T,6）	0.069153	−4.4407	−3.6328	−3.2546	不平稳
LnX_2	（C,T,4）	−2.027908	−4.3943	−3.6122	−3.2431	不平稳
LnX_3	（C,T,2）	−1.274690	−4.3560	−3.5950	−3.2334	不平稳
LnX_4	(N,N,1)	−2.423784	−4.4407	−3.6328	−3.2546	不平稳

注：①检验形式中的 C 和 T 表示带有常数项和趋势项，N 表示没有常数项或者趋势项，K 表示滞后阶数；②滞后期 K 的选择标准是根据 AIC 和 SC 值最小原则。

由表 4-2 可以看出，各指标取对数后的序列均为非平稳序列，所以对数据进行一阶差分，先对差分后的序列进行趋势图观测是否具有趋势和截距项，然后进行单位根检验，差分后序列单位根检验结果如下：

表 4-3　差分后序列单位根检验

变量	检验形式（C,T,K）	ADF 统计量	1% 临界值	5% 临界值	10% 临界值	判定结果
ΔLnX_1	（N,N,0）	−5.057798	−4.3560	−3.5950	−3.23	平稳
ΔLnX_2	（N,N,0）	−3.230966	−2.6534	−1.95385	−1.6096	平稳
ΔLnX_3	(N,N,0)	−3.795965	−3.6998	−2.9762	−2.6274	平稳
ΔLnX_4	(N,N,0)	−4.570364	−3.6998	−2.9762	−2.2627	平稳
ΔLnY	（N,N,0）	−0.877586	−2.6649	−1.95568	−1.6088	平稳

注：①检验形式中的 C 和 T 表示带有常数项和趋势项，N 表示没有常数项或者趋势项，K 表示滞后阶数；②滞后期 K 的选择标准是根据 AIC 和 SC 值最小原则；③表中 Δ 表示一阶差分。

由 ADF 检验可知：对其一次差分后得到的序列 ΔLnX_1、ΔLnX_2、ΔLnX_3、ΔLnX_4、ΔLnY 进行 ADF 检验，得到的序列是平稳的。所以，LnX_1、LnX_2、LnX_3、LnX_4、LnY 都是一阶单整序列 I（1），可以进行协整检验，本书采用 Johansen 协整理论对变量之间的协整关系进行检验。

（三）对原始序列进行协整检验

Johansen 极大似然协整检验是基于向量自回归模型的检验方法，因此在进行协整检验之前，先建立向量自回归模型，并对模型的稳定性进

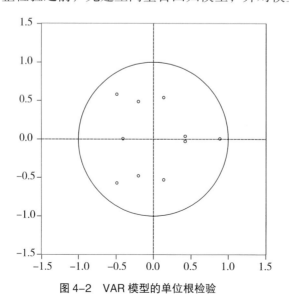

图 4-2　VAR 模型的单位根检验

行检验。模型稳定性检验通过后，根据 AIC 和 SC 准则判断模型的滞后阶数，这样计量分析的结果才有意义，经过比较选择模型的滞后期为 1 期。

由 VAR 模型的单位根检验图可以看出，所有根的倒数都在单位圆内，模型具有稳定性。根据 AIC 和 SC 准则等选择最优滞后阶数为 1，结果如表 4-4 所示。

表 4-4　VAR 模型的滞后阶数的选择

Lag	LogL	LR	FPE	AIC	SC	HQ
0	277.2994	NA	2.38e-16	−21.78395	−21.54018	−21.71634
1	323.5891	70.36036*	4.55e-17*	−23.48713	−22.02448*	−23.08145*
2	350.9391	30.63191	4.96e-17	−23.67512	−20.99360	−22.93138
3	379.7553	20.74770	8.64e-17	−23.98042*	−20.08002	−22.89862

表 4-5　金融危机模型中变量间协整关系检验

原假设：协整向量个数	特征根值	迹统计量	0.05 显著性水平临界值	P 值
没有	0.81081	97.52819	69.81888	0.0001
最多一个	0.59327	52.57273	47.85612	0.0168
最多两个	0.56284	28.28278	29.79707	0.0739
最多三个	0.17604	5.94109	15.49471	0.7025
最多四个	0.02605	0.71286	3.84146	0.3984

由表 4-5 可知，在 5% 的显著性水平下，危机模型存在一个协整关系，表明我国的吸收投资、恒生指数、人民币实际有效汇率、心理预期等指标和美国房价指数之间具有长期稳定的均衡变动关系，即我国经济和美国经济发展状况相关。

（四）建立向量误差修正模型

原始序列间存在协整关系，符合建立误差修正模型的前提条件。笔者进而将几个指标间的长期均衡与短期动态结合起来进行分析，估算原始序列间的协整及误差修正模型，并根据结果进行经济意义解释。

表 4-6　危机时期估算结果

协整关系	相应系数
A 部分	
外商直接投资额	−0.0086
恒生指数	−0.0978

续表

协整关系	相应系数
先行指数	−0.7703
实际有效汇率	−1.1883
常数项	15.4072
B 误差修正模型	
误差修正项	−0.0650
外商直接投资	−0.0012
恒生指数	0.0096
先行指数	0.3729
实际有效汇率	−0.0006

表 4-6 显示了几个指标之间的长期稳定均衡关系，方程为：

$$LnY=15.4072-0.0086LnX_1-0.0978LnX_2-0.7703LnX_3-1.1883LnX_4 \qquad (4-1)$$

根据协整方程可以看出，几个指标间具有很大的影响关系，尤其是美国房价指数和我国经济的先行指数、人民币有效汇率间的影响关系最为显著，系数值较大。当出现一个大范围的短期波动时，向量误差修正模型会使内生变量收敛于他们的长期协整关系。美国房价指数的下跌引起我国经济误差修正项的数值变化，反映了变量向长期均衡状态调整的非均衡动态调整过程，其中美国房价指数、先行指数和外商直接投资额之间呈反方向变动，关系调整幅度分别为 −0.0012 和 −0.0006，而实际有效汇率、恒生指数与其呈现同向变动关系，变动幅度分别为 0.0096 和 0.3729。误差修正项系数为 −0.184261，表明当短期波动偏离长期均衡时，系统以 0.184261 的调整力度调整到长期均衡状态，符合反向修正机制。

（五）格兰杰因果检验

表 4-7　各变量格兰杰因果检验结果

原假设：不存在格兰杰因果关系	滞后期	F 统计量	P 值	检验结果
ΔLnY 不是 ΔLnX_1 的原因	5	4.4047	0.0164	拒绝
ΔLnX_1 不是 ΔLnY 的原因	5	0.6149	0.6910	接受

续表

原假设：不存在格兰杰因果关系	滞后期	F 统计量	P 值	检验结果
ΔLnY 不是 ΔLnX_2 的原因	2	2.3801	0.1170	接受
ΔLnX_2 不是 ΔLnY 的原因	2	3.6658	0.0430	拒绝
ΔLnY 不是 ΔLnX_3 的原因	2	1.34233	0.08127	拒绝
ΔLnX_3 不是 ΔLnY 的原因	2	5.67320	0.01771	拒绝
ΔLnY 不是 ΔLnX_4 的原因	8	2.03424	0.07386	拒绝
ΔLnX_4 不是 ΔLnY 的原因	8	0.65355	0.76396	接受

由表 4-7 可知：在 10% 的显著性水平下，ΔLnY 是引起 ΔLnX_2、ΔLnX_5、ΔLnX_4 变动的原因，同时，ΔLnX_4 和 ΔLnX_2 也会引起 ΔLnY 的变动。模型基本通过格兰杰因果检验。虽然 ΔLnX_2 和 ΔLnY 在模型中没有通过格兰杰因果检验，但是从上述的理论传导分析中证实了我国对外投资数额确实受到影响，出现此结果的原因可能是因为笔者选取的指标为美国房价指数，从次贷市场传染到我国对外投资的数额需要很长的时间和很多种路径综合的影响，单纯研究二者传导机制可能会引起偏差。

通过运用协整分析、向量误差修正模型、格兰杰因果检验等检验方法，对金融危机时期我国经济受各渠道传染的实证研究结果，说明金融危机对中国的经济发展指标是存在传染效应的。金融危机通过四种渠道影响资本市场，进而影响到中国经济发展，使中国卷入金融危机的大潮中，从而使危机影响程度加深并扩散到各个行业。

第三节　金融危机通过资本市场对我国经济扩散的实证研究

通过以上对金融危机在我国经济传导的资本市场路径分析，可得出金融危机通过影响资本市场的发展进而将影响扩大到我国整个经济体。本书选取 2006—2010 年 5 年共 60 个月的月度数据，先从各个方面对分路径扩散指数进行综合评价分析，然后编制资本市场经济扩散总指数，并结合扩散总指数的变化给出金融危机临界值。

一、汇率渠道综合评价

（一）数据的标准化

此步骤 SPSS 会自动进行，这里结果省略。

（二）相关系数矩阵的构建

前文已经介绍过主成分分析的思想就是降维，在损失最少信息的前提下用综合指标来代替诸指标。因此，主成分分析的前提是要求指标之间有相关性，相关性强的指标提取出来的主成分才能更好地代表指标的变化。一般认为，相关性大于等于 30% 时适合做主成分分析。相关系数矩阵见表 4-8。

表 4-8　汇率市场相关系数矩阵

	人民币实际有效汇率	美元与人民币兑换汇率	欧元与人民币兑换汇率
人民币实际有效汇率	1.000	−0.901	−0.731
美元与人民币兑换汇率	−0.901	1.000	0.459
欧元与人民币兑换汇率	−0.731	0.459	1.000

从表 4-8 相关矩阵的输出结果可得，人民币实际有效汇率和美元与人民币兑换汇率的相关系数为 −0.901，人民币实际有效汇率和欧元与人民币兑换汇率的相关系数为 −0.731，美元与人民币兑换汇率和欧元与人民币兑换汇率之间的相关系数均为 0.459，相关系数的绝对值均大于 0.3，说明这三个指标之间存在一定相关性，可以进行主成分分析，能够得出代表汇率渠道综合发展的主成分因子。

（三）相关系数矩阵特征值、方差分解主成分分析矩阵

样本相关系数矩阵的特征值也叫作主成分的方差贡献率，特征值越大，证明主成分对子系统的影响和解释能力越强。一般根据特征值和方差贡献率两个指标选取主成分。观察特征值、贡献率、累计贡献率可以发现，只有第一个主成分的特征值大于1，且第一主成分的方差贡献率为79.913%，即所选主成分解释了原有变量约80%的信息，因此选择一个主成分即可。

（四）根据主成分载荷矩阵计算主成分得分系数矩阵

初始因子载荷矩阵的数据除以主成分对应的特征值开平方根得到每个主成分的各个指标的系数，也即特征向量。通过计算可得主成分 F_1 的特征向量值为（–0.63，0.58，0.51）。

（五）计算主成分得分和综合得分

主成分得分是由特征值对应的特征向量中的元素与标准化后的原始数据的线性组合而成的。

$$F_1=-0.63ZX_1+0.58ZX_2+0.51ZX_3 \tag{4-2}$$

主成分的综合得分为各主成分得分与相应权重的乘积，权重为各主成分方差贡献率占所选取主成分累计方差贡献率的比值。本次只选

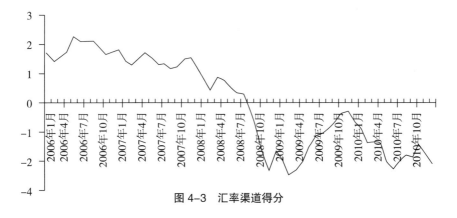

图4-3　汇率渠道得分

取了一个主成分，所以主成分 F_1 的得分即为综合得分，综合得分结果见表 4-15 和图 4-3。

从图 4-3 汇率渠道的综合得分图可以看出，汇率市场得分经历了较大冲击，危机时期波动比较剧烈。国际金融危机爆发之前，即 2008 年 8 月之前汇率渠道对我国经济影响指数都在正区间波动，2008 年 8 月之后进入负区间，虽然之后的得分出现回升，但是直到 2010 年 10 月时综合指数依然为负值，且危机爆发后综合得分围绕在 -1 左右上下波动。得分在 2008 年 8 月左右时波动最大，波动幅度将近 2 个单位。可以看到次贷危机爆发后，汇率波动频繁，但并未很快受到影响，而是有一定的时滞。汇率不仅是易受国际市场影响的指标，也是一个国家政策能够随时调整的指标，因而随经济发展情况的不同呈现不太规律的变化。

二、心理预期渠道综合评价

（一）数据标准化处理后相关系数矩阵

表 4-9　心理预期市场相关系数矩阵

	消费者信心指数	制造业采购经理指数	宏观经济预警指数
消费者信心指数	1.000	0.300	0.574
制造业采购经理指数	0.300	1.000	0.598
宏观经济预警指数	0.574	0.598	1.000

从表 4-9 相关矩阵的输出结果可得，消费者信心指数与制造业采购经理指数，消费者信心指数与宏观经济预警指数，宏观经济预警指数与制造业采购经理指数间的相关系数分别为 0.300、0.574、0.598，相关系数的绝对值均大于 0.3，说明心理预期传染渠道的三个指标之间存在一定相关性，比较适合进行主成分分析。

（二）相关系数矩阵特征值、方差分解主成分分析矩阵

观察特征值、贡献率、累计贡献率可以发现，只有第一个主成分的特征值大于 1，为 1.992，方差贡献率虽然小于 80% 但接近 70%，也能够解释约原有信息的 70% 主成分分析结果比较理想。选择第一个主成分计算主成分得分和综合得分。

（三）根据主成分载荷矩阵计算主成分得分系数矩阵

通过计算可得主成分 F_1 的特征向量值为（0.54，0.55，0.64）。

（四）计算主成分得分和综合得分

$$F_1=0.54ZX_1+0.55ZX_2+0.64ZX_3 \tag{4-3}$$

本部分只选取了一个主成分，主成分得分即为综合得分，综合得分结果见表 4-15 和图 4-4。

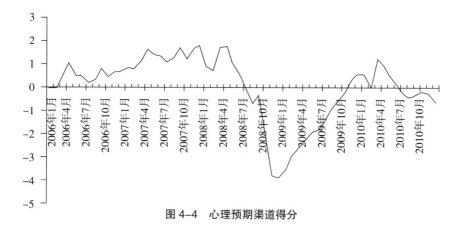

图 4-4　心理预期渠道得分

从图 4-4 心理预期渠道的综合得分图可以看出，心理预期市场得分经历了波峰到波谷的急剧转变，且在危机期波动比较剧烈。经济高速发展的 2006 年和 2007 年前期，预期得分出现增长，表明人们对经济发展较乐观，但增长幅度不大，基本围绕在 1 左右变化，在 2008 年 7 月之前心理预期渠道对我国经济影响指数都在正区间波动。随着美国

次贷危机的显现，预期渠道得分出现下降趋势，2008 年 8 月之后进入负区间，除 2010 年年初得分出现正值后，基本到 2010 年年末时指数得分依然为负值，且危机爆发后综合得分围绕在 –2 左右上下波动，变化幅度较未发生金融危机时明显增大。得分在 2008 年 10 月左右时波动最大，波动幅度将近 4 个单位，达到历史最大值。2008 年预期得分的剧烈波动和骤然下降，说明危机期间心理预期市场受到了很大影响，人们对经济持悲观态度，进而对经济体实现冲击。

三、资产价格市场综合评价

（一）数据标准化处理后资产价格渠道指标相关性评价

表 4–10　资产价格市场相关系数矩阵

	深证指数	上证指数	总市值
深证指数	1.000	0.883	0.912
上证指数	0.883	1.000	0.776
总市值	0.912	0.776	1.000

从表 4–10 相关矩阵的输出结果可得，深证指数、上证指数和总市值之间的相关关系较强，深证指数与上证指数的相关系数为 0.883，深证指数与总市值的相关系数为 0.912，总市值与上证指数的相关系数为 0.776，相关系数的绝对值均大于 0.3，说明这三个指标之间存在较强的相关性，可以进行主成分分析。

（二）相关系数矩阵特征值、方差分解主成分分析矩阵

表 4–11　方差贡献率

成分	初始特征值			提取平方和载入		
	特征值	贡献率（%）	累计贡献率（%）	特征值	贡献率（%）	累计贡献率（%）
1	2.709	90.294	90.294	2.709	90.294	90.294
2	0.236	7.858	98.152			
3	0.055	1.848	100.00			

由表4-11可以看出，只有第一个主成分的特征值为2.709，且第一主成分方差贡献率为90.294%，也即能够解释原有信息的90%，适合做主成分分析。选择第一个主成分计算主成分得分和综合得分。

（三）根据主成分载荷矩阵计算主成分得分系数矩阵

通过计算可得主成分 F_1 的特征向量值为（0.60，0.56，0.57）。

（四）计算主成分得分和综合得分

主成分得分函数为：$F_1=0.60ZX_1+0.56ZX_2+0.57ZX_3$ 　　　　（4-4）

本次只选取了一个主成分，所以主成分 F_1 的得分即为综合得分，综合得分结果见表4-15和图4-5。

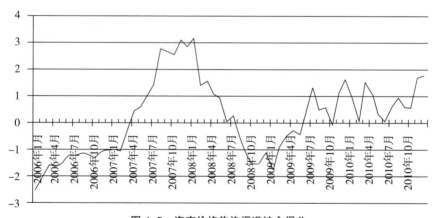

图 4-5　资产价格传染渠道综合得分

由图4-5可以看出，2007年前我国股票市场较低迷，资产价格市场得分在 -2 左右变动，变动幅度不大，在2007年时得分大幅度上升，在2008年1月资本市场得分出现最大值，股市经历繁荣时期。后因为金融危机爆发，美国和全球股市受挫，导致2008年我国股市较2007年大幅衰退，在2008年8月时资产价格得分出现负值，小幅波动，2009年7月后股市情况恢复乐观。股市同国际资本市场的连接最紧密，受影响较快，力度较大，但是恢复得也很及时。

四、资本流动渠道综合评价

（一）数据标准化处理后资本流动渠道相关系数矩阵

表 4-12　资本流动渠道相关系数矩阵

	外汇储备增长率	利用外资增长率	固定资产投资中外资占比变化率
外汇储备增长率	1.00	0.970	0.346
利用外资增长率	0.970	1.000	0.341
固定资产投资中外资占比变化率	0.246	0.341	1.000

从表 4-12 相关矩阵的输出结果可得，外汇储备增长率与利用外资增长率的相关系数为 0.970，外汇储备增长率与固定资产投资中外资占比变化率的相关系数为 0.346，绝对值均大于 0.3，说明这 3 个指标之间存在一定的相关性，可以进行主成分分析。

（二）相关系数矩阵特征值、方差分解主成分分析矩阵

表 4-13　方差贡献率

成分	初始特征值			提取平方和载入		
	特征值	贡献率（%）	累计贡献率（%）	特征值	贡献率（%）	累计贡献率（%）
1	2.124	70.787	70.787	2.124	70.787	70.787
2	0.851	28.375	99.162			
3	0.025	0.838	100.00			

由表 4-13 可以看出，第一个主成分的特征值为 2.124，大于 1，且方差贡献率为 70.787%，第一个主成分能够很好地解释原有变量的信息，所以选择第一个主成分进行主成分得分和综合得分分析。

（三）根据主成分载荷矩阵计算主成分得分系数矩阵

通过计算可得主成分 F_1 的特征向量值为（0.66，0.67，0.35）。

（四）计算主成分得分和综合得分

主成分得分的线性组合函数为：

$$F_1=0.66ZX_1+0.67ZX_2+0.35ZX_3 \tag{4-5}$$

本部分选取了一个主成分，所以主成分得分即为综合得分，综合得分计算结果如表4-15和图4-6所示。

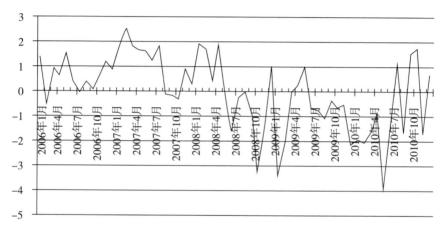

图4-6 资本流动市场综合得分

由图4-6可以看出，资本流动渠道得分呈现不规律变化，波动频繁且变化幅度较大，在2008年5月之前得分基本在正区间波动，2007年上半年开始，得分持续下降首次出现负值，但很快恢复正值。2008年5月之后得分急速下降，达到幅度变化最大值，2009年得分波动幅度也较大，出现几次正值后恢复负增长状态，直到2010年时得分也未完全变为正值，没有明显改善。

五、金融危机资本市场扩散指数综合评价及分析

通过以上的计算得知金融危机扩散指数各个子系统的综合得分，并针对得分的结果对子系统的发展趋势及受金融危机的影响程度进行

了分析。各个子系统在金融危机时期都发生了明显的变化，那么对中国经济整体的影响又如何？危机期间我国经济体有着怎样的变化趋势和特点？下面笔者通过层次分析法来构造判断矩阵，计算各个子系统对经济发展贡献力的权重，从而编制经济扩散总指数，层次分析法的计算使用 Excel 软件。为了检验结果的准确性和客观性，本书又利用神经网络法的原理，运用 Clementine 对各个子系统赋予权重，计算得出结果，并将两种结果进行简单的比较。

（一）层次分析法计算扩散指数

1. 子系统权重的计算

准则层对目标层矩阵的构造。本书采用咨询相关专家的方法来判断各子系统作用的相对重要性，对重要性程度按 1—9 标度赋值，经过整理得到如表 4–14 所示的结果。

表 4–14　各子系统相对重要性评判

A	资本流动渠道	汇率渠道	资产价格渠道	心理预期渠道
资本流动渠道	1.00	0.33	2.00	0.33
汇率渠道	2.00	1.00	4.00	1.00
资产价格渠道	0.50	0.25	1.00	0.25
心理预期渠道	2.00	1.00	4.00	1.00

根据表 4–14 的评判值，可将重要性评判值写成判断矩阵 A：

$$A = \begin{bmatrix} 1 & 2 & 1 & 1/2 \\ 1/2 & 1 & 1/2 & 1/3 \\ 1 & 2 & 1 & 1/2 \\ 2 & 3 & 2 & 1 \end{bmatrix}$$

根据判断矩阵 A，求得列规范化数值为：（0.227259，0.122213，0.227259，0.423268）^{T}。

根据特征向量和判断矩阵计算判断矩阵最大特征值λ_{max}：

$$AW = \begin{bmatrix} 1 & 2 & 1 & 1/2 \\ 1/2 & 1 & 1/2 & 1/3 \\ 1 & 2 & 1 & 1/2 \\ 2 & 3 & 2 & 1 \end{bmatrix} \times \begin{bmatrix} 0.227 \\ 0.122 \\ 0.227 \\ 0.423 \end{bmatrix} = \begin{bmatrix} 0.911 \\ 0.489 \\ 0.911 \\ 1.699 \end{bmatrix}$$

$$\lambda_{max} = \frac{1}{4}\left(\frac{0.911}{0.227} + \frac{0.489}{0.122} + \frac{0.911}{0.227} + \frac{1.699}{0.423}\right) = 4.007 \tag{4-6}$$

一致性检验：

$$CI = \frac{\lambda_{max} - n}{n-1} = \frac{4.007-4}{4-1} = 0.003$$

$$CR = \frac{0.003}{0.09} = 0.003 \tag{4-7}$$

由 $CR<0.1$ 可以判断矩阵具有满意的一致性。

2. 根据子系统权重和子系统得分计算金融危机扩散总指数得分

假设 W_i 为上文所求各准则层的比重，M_k^i 为第 k 年金融危机扩散指数综合得分的第 i 个指标，M_k 为第 k 年的综合得分，则通过公式 $M_k = \sum_{i=1}^{4} M_k^i \times W_i$ 计算的最后综合得分值见表 4-15。

（二）神经网络法计算扩散指数

运用 Clementine 软件进行分析时，选取的输入变量为各个子系统的得分，输出变量即目标变量为月度 GDP 的增长率，其中月度 GDP 的数据根据规模以上工业增长率计算得到。所有数设置均为默认设置，运用动态 B-P 网络，模型训练方法根据预测精度选择动态增补法，预测结果见图 4-7。

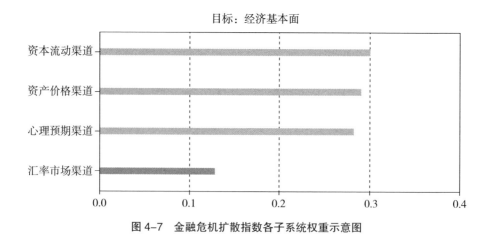

图 4-7　金融危机扩散指数各子系统权重示意图

　　根据图 4-7 可以看出 GDP 增长率变量的重要性,分析该模型的预测精度达到了 85.922%,模型对于样本数据的拟合度较好。可以看出,资本流动渠道、资产价格渠道、心理预期渠道、汇率渠道几种扩散路径对月度 GDP 增长率的影响较为显著,资本流动和资产价格两渠道的影响最为重要,达到了 0.3001 和 0.2897。汇率市场和心理预期渠道的影响指数分别为 0.2817 和 0.1286。由以上的分析可知,资本流动渠道、资产价格渠道、心理预期渠道、汇率渠道在金融危机扩散指数编制中的权重分别为 0.3001、0.2897、0.2817、0.1286。权重计算结果如表 4-15 所示。

表 4-15　各子系统得分和综合得分表

时间	资本流动渠道得分	汇率渠道得分	资产价格渠道得分	心理预期渠道得分	层次分析法综合得分	B-P 神经网络法综合得分
2010 年 12 月	0.64	−2.1	1.75	−0.66	0.0205	0.2422
2010 年 11 月	−1.65	−1.73	1.67	−0.28	−0.3206	−0.3135
2010 年 10 月	1.71	−1.41	0.53	−0.23	0.2494	0.4202
2010 年 9 月	1.52	−1.84	0.57	−0.33	0.1213	0.2914
2010 年 8 月	−1.63	−1.79	0.91	−0.43	−0.561	−0.5770
2010 年 7 月	1.11	−1.99	0.56	−0.31	0.0151	0.1518

时间	资本流动渠道得分	汇率渠道得分	资产价格渠道得分	心理预期渠道得分	层次分析法综合得分	B-P 神经网络法综合得分
2010 年 6 月	−1.56	−2.28	−0.01	0.11	−0.5885	−0.7332
2010 年 5 月	−3.91	−2.04	0.32	0.49	−0.8647	−1.2052
2010 年 4 月	−0.83	−1.38	1.08	0.91	0.2741	0.1414
2010 年 3 月	−1.57	−1.31	1.48	1.19	0.3219	0.1226
2010 年 2 月	−2.05	−1.37	−0.01	−0.02	−0.6466	−0.7997
2010 年 1 月	−1.93	−0.87	0.91	0.55	−0.108	−0.2733
2009 年 12 月	−2.11	−0.63	1.6	0.57	0.0465	−0.0914
2009 年 11 月	−0.51	−0.32	1.15	0.31	0.239	0.2253
2009 年 10 月	−0.62	−0.37	−0.09	−0.24	−0.3085	−0.3270
2009 年 9 月	−0.34	−0.67	0.56	−0.59	−0.2776	−0.1921
2009 年 8 月	−1.06	−0.9	0.49	−0.99	−0.6549	−0.5703
2009 年 7 月	−0.76	−1.06	1.3	−1.51	−0.6372	−0.4129
2009 年 6 月	−0.65	−1.13	0.45	−1.83	−0.9502	−0.7245
2009 年 5 月	0.99	−1.53	−0.44	−1.96	−0.8803	−0.5777
2009 年 4 月	0.24	−2.05	−0.29	−2.29	−1.2193	−0.9189
2009 年 3 月	−0.04	−2.34	−0.51	−2.62	−1.5077	−1.1965
2009 年 2 月	−2.01	−2.47	−0.94	−3	−2.2349	−2.0353
2009 年 1 月	−3.36	−1.96	−1.77	−3.58	−2.9187	−2.7776
2008 年 12 月	1.03	−1.66	−1.1	−3.92	−1.8617	−1.3239
2008 年 11 月	−1.6	−2.31	−1.53	−3.84	−2.6099	−2.2983
2008 年 10 月	−3.21	−1.81	−1.57	−2.09	−2.1944	−2.2368
2008 年 9 月	−0.85	−0.86	−1.17	−0.34	−0.7106	−0.7993
2008 年 8 月	0.02	−0.27	−0.56	−0.71	−0.4548	−0.3901
2008 年 7 月	−0.25	0.29	0.27	−0.08	0.0058	0.0178
2008 年 6 月	−1.58	0.32	0.00	0.54	−0.0982	−0.2811
2008 年 5 月	−0.17	0.56	0.93	1.03	0.6746	0.5792
2008 年 4 月	1.88	0.75	1.02	1.73	1.4836	1.4414
2008 年 3 月	0.46	0.83	1.54	1.69	1.2694	1.1647
2008 年 2 月	1.74	0.43	1.36	0.7	1.0586	1.1670
2008 年 1 月	1.92	0.82	3.12	0.85	1.6146	1.8220
2007 年 12 月	0.31	1.17	2.82	1.79	1.6121	1.5614
2007 年 11 月	0.93	1.54	3.04	1.66	1.7951	1.8221
2007 年 10 月	−0.32	1.48	2.54	1.21	1.1964	1.1684
2007 年 9 月	−0.13	1.23	2.64	1.71	1.4431	1.3626

续表

时间	资本流动渠道得分	汇率渠道得分	资产价格渠道得分	心理预期渠道得分	层次分析法综合得分	B-P 神经网络法综合得分
2007 年 8 月	-0.1	1.17	2.73	1.24	1.2661	1.2579
2007 年 7 月	1.84	1.31	1.41	1.06	1.3499	1.4258
2007 年 6 月	1.27	1.3	1.05	1.34	1.2524	1.2282
2007 年 5 月	1.67	1.53	0.6	1.41	1.2979	1.2674
2007 年 4 月	1.68	1.69	0.43	1.64	1.3769	1.3064
2007 年 3 月	1.81	1.48	-0.25	1.1	0.9984	0.9702
2007 年 2 月	2.57	1.28	-1.07	0.76	0.8178	0.8399
2007 年 1 月	1.84	1.41	-0.99	0.79	0.6965	0.6692
2006 年 12 月	0.89	1.8	-1.05	0.7	0.4732	0.3917
2006 年 11 月	1.2	1.74	-1.09	0.64	0.5029	0.4486
2006 年 10 月	0.66	1.65	-1.35	0.43	0.2199	0.1409
2006 年 9 月	0.06	1.88	-1.19	0.79	0.2975	0.1378
2006 年 8 月	0.41	2.12	-1.15	0.28	0.2018	0.1420
2006 年 7 月	-0.03	2.08	-1.22	0.18	0.0377	-0.0435
2006 年 6 月	0.39	2.08	-1.24	0.45	0.2431	0.1526
2006 年 5 月	1.52	2.24	-1.56	0.53	0.4822	0.4422
2006 年 4 月	0.66	1.71	-1.65	1.02	0.4059	0.2277
2006 年 3 月	0.93	1.53	-1.6	0.54	0.2563	0.1651
2006 年 2 月	-0.46	1.4	-2.03	-0.03	-0.4173	-0.5531
2006 年 1 月	1.39	1.66	-2.78	-0.06	-0.1457	-0.1898

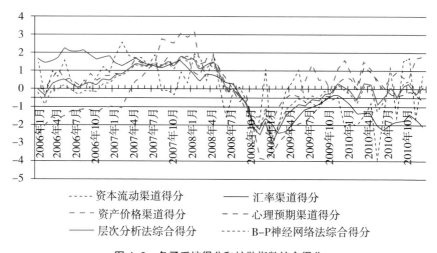

图 4-8　各子系统得分和扩散指数综合得分

由图 4-8 和表 4-15 的结果可以看出：

由综合得分总体变化情况可知，层次分析法的结果较 B-P 神经网络的结果波动性稍微大一点，但主观方法和客观方法得出的结果基本保持一致性变化，数值基本相同，说明了结果的准确性，能够用来评价金融危机扩散程度的影响。

由综合得分总体变化情况可知：各子系统得分和综合得分基本保持同样的变化趋势，均在 2007—2009 年经历了波峰到波谷的数值转变。波动图形较一致，基本符合经济发展趋势，且和国际金融危机的爆发在时间上保持了一致，2008 年危机全面爆发时扩散指数得分下降为负值，但是相对于美国的危机直接传染到我国则还需要一定的时滞，2007 年美国渐现金融危机时，扩散得分基本持增长状态，下半年得分才有所下降。金融危机扩散指数的综合得分在 2008 年 1 月以前整体呈上升趋势，在 2008 年 1 月时达到最大值 1.82 分，在 2008 年 1 月之后综合得分开始呈现下降趋势，但降速较平稳，截至 2008 年 7 月以前综合得分一直在正区间波动，我国经济整体出现较平稳发展。但是金融危机爆发之后，我国经济开始出现转折，综合得分由正值转为负值，尤其是在 2009 年 1 月时得分出现历史以来负值的最大值 -2.78 分，危机全面在我国传染开来，2008 年和 2009 年两年扩散指数经历了波峰到波谷的急剧转变，对我国经济的发展造成重创，虽然在 2009 年 4 月时得分开始出现上升趋势，但直到 2010 年 8 月时得分依然在负值区间波动，在 2010 年年末扩散影响有所好转，渐趋于正值，扩散指数的综合得分恰到好处地描述了我国经济体受金融危机的影响程度。

2005 年我国实行汇率改革制度以来，人民币汇率一直呈现持续攀升的态势，提高了我国在国际上的地位，综合国力增强，我国经济发展保持较好势头。所以汇率市场得分在 2006 年和 2007 年呈现较平稳发展。但是由于多年来内需不足，我国的经济发展较为依赖出口，2007年我国的贸易依存度达到将近 70%，因此，美国次贷危机的爆发影响到我国实体经济，欧美等国家经济的衰退更是进一步促使了外币的贬值、本币的升值，削弱了我国的出口行业竞争力，出口企业濒临破产。为了防止经济增长的急剧下滑和失业率的增加，我国采取政策推动人民币一段时期和一定程度的贬值，同时由于美元的反弹又会推动人民币对其他比重的升值，因此 2008 年时汇率市场得分基本呈现下降，且在 2009 年时呈现负的最大值，汇率市场的扩散程度达到最大。由于各国经济的发展，汇率市场趋于稳定，因此综合得分在 2009 年之后呈现好转，在 2010 年年末时达到正值，对我国经济的发展起到了促进作用。

消费者信心指数反映了消费者对我国经济发展信心的强弱程度，进而影响到他们的消费、生活支出和对企业的投资额等。同时，制造业采购经理指数和预警指数也对我国经济的发展起到先行预测的作用。随着我国经济的快速发展，三个指数也不断上升，尤其是在 2006 年和2007 年更是达到最大值，说明我国人民的心理预期也逐渐好转，对经济发展情况开始持乐观态度，从而对经济发展起到了促进作用。这也是心理预期渠道的综合得分在这两年一直升高且维持在正区间波动的原因。美国次贷危机的突然爆发引起了人们的心理恐慌，无论是资本市场还是实体经济，都开始对经济发展前景担忧，因此无论是消费还是其他投资活动都受到了心理预期的影响而变得谨慎。因此，在 2007年以后心理预期市场的综合得分大幅下降，在 2007 年年末达到最大值后，在 2008 年开始下降，且在 2009 年年初出现历史以来的最低值，造成了我国股市大幅下跌，企业投资严重缩水，严重阻碍了经济的发展。

从图 4-8 中的资产价格走势可以看出，2007 年以前我国股市得分均较低，2007 年和 2008 年股市繁荣，得分在正区间波动。因为 2005 年 5 月我国股市重塑，开始了股权分置改革，直至 2007 年年底，股改基本完成。也正是政府的这一举措，使得投资者恢复信心，股指纷纷出现转折性变化，得分一路上升，创出在 2007 年年底最大值为 3.12 的历史新高，同时由于美国房地产业正值好的发展，带动了一些投资资金进入我国寻求获利机会，我国的房地产业和资本市场也繁荣发展，这是股市在 2007 年达到巅峰的原因。2007 年美国次贷危机爆发，美国的资本市场严重受挫，股市几近跌到谷底，进而影响了中国的股市，使中国资产价格渠道得分开始出现下降趋势，并在 2009 年 1 月达到负的最大绝对值 1.77，且负的得分维持了一年左右，在 2009 年 6 月时转为正值。资产价格同国际间经济发展紧密，最易受经济发展状况的影响，小的冲击也会造成资本市场的剧烈波动；国际间经济的协调发展又会使资产价格趋于稳定，较快恢复。所以，资产价格的剧烈波动对我国经济的发展起到了阻碍作用。

资本波动市场的不规律变化恰恰说明了资本流动是对我国经济产生影响的重要渠道。危机爆发前综合得分基本为正值，危机爆发后综合得分基本呈现负值，危机期数据波动剧烈，波动渠道的综合得分说明了金融危机对我国经济的扩散程度。美国次贷危机出现时，由于美国并不是投资者最好的选择；因此一部分资金进入我国，金融危机先是促使了 FDI 的流入；我国实际利用外资额呈现不断增长趋势，我国外汇储备增长率也呈逐渐升高趋势，外汇储备和外资对我国经济的发展也起到了拉动作用，所以 2007 年得分为正值。但是热钱的流入总是不稳定，随着国际金融危机的全面爆发，使得很多投资者又很快将资金从我国市场撤离，寻求更好的投资机会；甚至将资金存入外汇，等待更好的投资机会；资金的大量涌入和迅速撤离严重影响了资本市场的平衡，更是阻碍了经济的发展。

六、金融危机扩散指数临界值的确定

由于我国经济基本呈上升趋势的发展，也由于国际大环境的瞬息变化对我国经济的整体发展起到冲击作用，所以应准确判断：是金融危机的发生导致了我国经济发展趋势的变化，还是国际市场上供求变化的影响导致了我国经济发展趋势的变化。只有基于这种准确判断，才能够采取一定的措施保持经济的稳定发展。本书提出运用经济得分变化率来确定金融危机的临界值，因为金融危机爆发后，对我国经济有影响的各个子系统的指标必然会发生短期波动并偏离长期均衡趋势，且变化率应该较大。因此，笔者用每年综合得分变化率的平均值作为基础评价指标。当某些年份的得分变化率背离长期经济变化率时，认为是金融危机的爆发引起了该变化，我国政府和人民都应予以高度重视。若得分只是围绕平均值小幅变化，那么我国政府可以采取静观其变的态度，暂且将经济的发展交由市场去决定。定义 $Z_t = \dfrac{Y_t - Y_{t-1}}{Y_{t-1}}$，其中 Z_t 是第 t 年得分的变化率，Y_t 是第 t 年的综合得分，Y_{t-1} 是第 $t-1$ 年的综合得分，$Y_t - Y_{t-1}$ 是第 t 年得分的变化幅度。

表 4-16　扩散指数综合得分变化幅度和变化率

时间	综合得分变化幅度	综合得分变化率
2010 年 12 月	0.5558	−1.7726
2010 年 11 月	−0.7337	−1.7461
2010 年 10 月	0.1288	0.4422

时间	综合得分变化幅度	综合得分变化率
2010 年 9 月	0.8684	−1.5050
2010 年 8 月	−0.7289	−4.8009
2010 年 7 月	0.8850	−1.2071
2010 年 6 月	0.4720	−0.3916
2010 年 5 月	−1.3465	−9.5254
2010 年 4 月	0.0187	0.1526
2010 年 3 月	0.9223	−1.1534
2010 年 2 月	−0.5264	1.9256
2010 年 1 月	−0.1819	1.9890
2009 年 12 月	−0.3168	−1.4059
2009 年 11 月	0.5523	−1.6889
2009 年 10 月	−0.1349	0.7023
2009 年 9 月	0.3782	−0.6632
2009 年 8 月	−0.1574	0.3812
2009 年 7 月	0.3116	−0.4301
2009 年 6 月	−0.1468	0.2542
2009 年 5 月	0.3413	−0.3714
2009 年 4 月	0.2776	−0.2320
2009 年 3 月	0.8388	−0.4121
2009 年 2 月	0.7423	−0.2672
2009 年 1 月	−1.4537	1.0980
2008 年 12 月	0.9744	−0.4240
2008 年 11 月	−0.0615	0.0275
2008 年 10 月	−1.4375	1.7986
2008 年 9 月	−0.4092	1.0490
2008 年 8 月	−0.4079	−22.8601
2008 年 7 月	0.2990	−1.0635
2008 年 6 月	−0.8603	−1.4853
2008 年 5 月	−0.8621	−0.5981
2008 年 4 月	0.2767	0.2376
2008 年 3 月	−0.0024	−0.0020
2008 年 2 月	−0.6549	−0.3595
2008 年 1 月	0.2606	0.1669
2007 年 12 月	−0.2606	−0.1430
2007 年 11 月	0.6537	0.5595

续表

时间	综合得分变化幅度	综合得分变化率
2007 年 10 月	−0.1943	−0.1426
2007 年 9 月	0.1048	0.0833
2007 年 8 月	−0.1679	−0.1178
2007 年 7 月	0.1976	0.1609
2007 年 6 月	−0.0392	−0.0309
2007 年 5 月	−0.0391	−0.0299
2007 年 4 月	0.3363	0.3466
2007 年 3 月	0.1302	0.1551
2007 年 2 月	0.1707	0.2551
2007 年 1 月	0.2775	0.7083
2006 年 12 月	−0.0569	−0.1268
2006 年 11 月	0.3077	2.1845
2006 年 10 月	0.0030	0.0219
2006 年 9 月	−0.0041	−0.0290
2006 年 8 月	0.1855	−4.2626
2006 年 7 月	−0.1961	−1.2852
2006 年 6 月	−0.2896	−0.6549
2006 年 5 月	0.2145	0.9420
2006 年 4 月	0.0626	0.3790
2006 年 3 月	0.7182	−1.2985
2006 年 2 月	−0.3633	1.9140

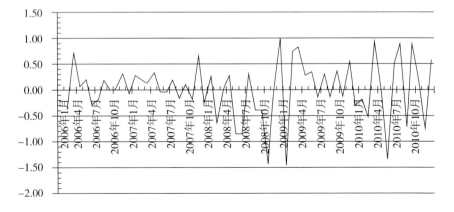

图 4-9　扩散指数得分变化幅度

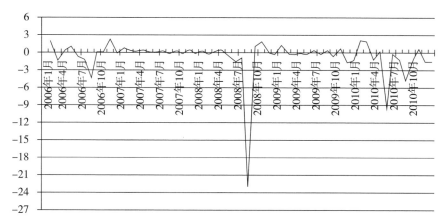

图 4-10　扩散指数得分变化率

　　将表 4-16、图 4-9 和图 4-10 结合起来可以看出：综合得分变化率和变化幅度基本较稳定；得分变化幅度在 2009 年和 2010 年时经历了大的波动，但是 2009 年的波动更为迅速。得分变化率经历了三次大的波动，但只有在 2008 年国际金融危机全面爆发时得分变化率最大，达到 -22.8；其余两次变化率的波动范围较小且持续时间较短。危机没爆发前的变化率和危机爆发几个月后的得分变化率基本保持一致和稳定，危机的影响扩大了经济的波动率。通过对变化率取绝对值计算可以得出，变化率的平均值为 1.363。从图中也可以看出，在危机爆发前，基本上变化率也是在这个范围内小幅波动，但是在 2008 年 6 月到 2009 年 1 月变化幅度较大，此时，可以将这几个月看作是受金融危机影响较严重的月份。我国政府应予以重视，采取相应促进经济发展的措施。因此，用来衡量经济波动率的金融危机扩散指数这一指标能够很好地衡量一国遭遇外部金融危机冲击引起的经济变化情况。

　　通过金融危机指数的编制可以看出，四个扩散渠道的综合得分和扩散指数的综合得分呈现同样的变化规律，且符合我国经济发展趋势。

得分均在 2008 年金融危机爆发前后出现明显下降甚至负值的情况，很好地描述了金融危机通过各个路径对我国经济扩散的影响程度。今后可以灵活运用金融危机扩散指数预测经济的波动，同时运用指数分析金融危机对我国经济各指标的影响程度，从而采取有力措施，促进我国经济健康、平稳有序发展。

第五章　金融危机扩散指数编制方法与指标体系选择

金融危机对我国造成了很大的冲击，且金融危机对我国进出口贸易、服务贸易、外商直接投资市场、投资市场、汇率市场影响的传导路径是客观存在的。为建立我国应对金融危机扩散的预警体系，进一步增强我国应对包括金融危机在内的国际经济形势变动的调控能力，本章将构建金融危机扩散指数指标体系。本章主要介绍了编制金融危机扩散指数的统计指数编制方法：合成指数法和主成分分析等方法；之后介绍了权重确定的方法；最后列举了国民经济预警指数、进出口贸易指数、服务贸易指数、外商直接投资市场指数、投资市场指数和汇率市场指数六个方面二十三个指标，并作出了解释，为之后体系的编制做了准备。

第一节　统计指数的编制方法

综合指数是总指数的综合形式，能够综合反映复杂现象总体数量上的变动，同时也能够分析测定复杂现象总体的变动中受各个因素变动的影响方向和影响程度。本书的金融危机扩散指数编制原理就是运用若干个指标编制出综合指数，运用其来反映金融危机通过各种扩散渠道对我国经济的影响程度。

由于不同指数所涉及领域和指数编制的目的不尽相同，导致所计算的方法不尽相同。每种方法都有自己的优缺点以及自己所适用的场合和领域。构造指数不仅仅在于掌握某种指数的具体计算方法，更重要的是了解方法背后蕴藏的统计思想，以便针对具体的研究对象，依据编制指数的主要目的，选择甚至创造最恰当的计算指数的方法，以便该指数能正确地反映事物的某一具体特征。

一、合成指数法

合成指数是目前应用广泛的指数。除了能预测经济周期波动的转折点外，还能在某种意义上反映经济周期波动的振幅。从表示各种经济活动的主要经济指标中选取一些对景气敏感的指标，用合成各指标变化率的方式，把握景气变动的大小。它将各种不同计量单位的指标转变为无量纲的变动数值，然后经过一系列的标准化，综合为一个定基指数。随后通过对指数的分析来对宏观经济状况进行预测和预警。目前，国内外相关组织和机构基于评价对象及评价视角的不同，普遍使用的关于合成指数计算的方法主要包括三种：（1）以经济波动周期中经济景气指标的绝对变化量来划分经济周期阶段，并以此为基础来计算景气指数。美国 NBER 采用的就是这种算法。（2）美国经济周期研究所考虑到经济波动周期中存在的"增长率循环"规律，依据经济景气指标增长率的上升或下降来划分经济周期的阶段，并在此基础上计算景气指数。（3）经济合作与发展组织（OECD）计算的景气指数也基于"经济增长循环"的概念，并基于景气指标相对于其趋势的偏离幅度划分经济周期的阶段。经济合作与发展组织已经将该方法应用于分析与预测其成员国的经济状况。

二、主成分分析法

主成分分析是利用降维的思想，在损失很少信息的前提下把许多个指标转化为综合指标的多元统计方法。通过主成分分析，可以从一些错综复杂的关系中找到一些主要成分，有效利用大量的统计数据进行定量分析，解释变量之间的内在关系。

第一步，将原始数据写成矩阵，计算相关系数矩阵。假定有 n 个指标样本，每个样本共有 p 个变量，这样就构成了一个 $n \times p$ 阶的样本矩阵。

$$\begin{bmatrix} X_{11} & X_{12} & ... & X_{1p} \\ X_{21} & X_{22} & ... & X_{2p} \\ ... & ... & ... & ... \\ X_{n1} & X_{n2} & ... & X_{np} \end{bmatrix}$$

由此可计算相关系数矩阵（nxp）：

$$\begin{bmatrix} r_{11} & r_{12} & ... & r_{1p} \\ r_{21} & r_{22} & ... & r_{2p} \\ ... & ... & ... & ... \\ r_{n1} & r_{n2} & ... & r_{np} \end{bmatrix}$$

在上述公式中，r_{ij}（i, j=1，2，$\cdots$，p）为原来变量 x_i 与 x_j 的相关系数，其计算公式为：

$$r_{ij} = \frac{\sum_{k=1}^{n}(X_{ki} - \bar{X_i})(X_{kj} - \bar{X_j})}{\sqrt{\sum_{k=1}^{n}(X_{ki} - \bar{X_i})^2 \sum_{k=1}^{n}(X_{kj} - \bar{X_j})^2}} \quad （5-1）$$

第二步，计算特征值和特征向量，并确定主成分的个数。

解特征方程 $|R-\lambda E|=0$，求出特征值 λ，并按照大小顺序进行排列：$\lambda_1 \geqslant \lambda_2 \geqslant \cdots \geqslant \lambda_p \geqslant 0$，最后求出特征向量。

第三步，计算主成分贡献率和累计贡献率。

主成分 Z_i 贡献率：$\lambda_i / \sum\limits_{k=1}^{p} \lambda_k (i=1,2,\cdots,p)$，累计贡献率：$\sum\limits_{k=1}^{m} \lambda_k / \sum\limits_{k=1}^{p} \lambda_k$。

根据因子累计方差贡献率 $\geqslant 85\%$ 来确定主成分个数。

其中 λ_k（$k=1,2,\cdots,m$）对应的特征向量记为 $a_k=(a_{k1},a_{k2}\cdots a_{km})$，与 λ_k 对应的主成分为第 k 个主成分记为 $a_k = \dfrac{p_k}{\sqrt{\lambda_k}}$，其中 p_k 为因子载荷矩阵构成的向量。

第四步，解释其中变量的意义，尤其是权重较大指标的意义。

第五步，求各主成分的得分，最后计算综合得分。

三、评价指标权重的确定

目前，常用的权重确定方法可以分为两类：客观方法和主观方法。客观方法有主成分分析法、熵值法、变异系数法等，主观方法有层次分析法、德尔菲法等。在多指标综合评价过程中，权重确定方法会直接影响到综合评价的结果，这是因为权重数值上的变化可能会引起各指标优劣顺序的改变。权重系数对一个领域的目标值起着权衡作用，权重系数主要分为主观权重系数与客观权重系数两大类。主观权重系数是指人们对分析对象的各个因素，按其重要程度依照主观经验确定的系数；而客观权重系数则是指经过对实际发生的资料进行分析、整理和计算，从而得出权重系数。主观权重系数法研究较早，应用也相对较为成熟，但客观性较差。而客观权重系数确定的研究相对较晚，且目前还未形成完善的理论体系，尤其是计算方法大多比较繁琐。由此可见，根据指标的特点采用合适的权重确定方法会使多指标综合评价更科学、更客观。

四、因子分析权数法

该分析法是根据统计学原理中的相关方法来进行分析的。在具体的操作过程中，依据数理统计中因子分析的方法对每个指标计算共性因子的累计贡献率来确定权重。若累计贡献率越大，则说明该指标对共性因子的作用越大，所定权数也就越大。

五、层次分析法

层次分析法（AHP法）是一种定性与定量相结合的多目标评价与决策分析方法，它通过指标间的两两比较，使复杂无序的定性问题能够进行量化处理。其基本步骤如下：

（一）构造判断矩阵 A

利用表中的1—9标度法对同一层次上的各因素关于上一层中某一因素的相对重要性进行两两比较，从而构造判断矩阵。

（二）计算权向量（本章采用求和法计算）

$$\bar{a_{ij}} = \frac{a_{ij}}{\sum\limits_{k=1}^{n} a_{kj}} \tag{5-2}$$

首先，将判断矩阵每一列归一化：i, $j=1$, 2, $\cdots$, n；其次，将每一列经归一化后的矩阵按行求平均值，所求即为权向量 $w=(w_1, w_2, \cdots, w_n)^T$。

（三）计算判断矩阵最大特征根 λ_{max}

利用 $Aw=\lambda w$ 公式计算 λ_{max}。

（四）一致性检验

一致性检验是通过计算一致性指标和检验系数实现的。

一致性检验系数：$CR = \dfrac{CI}{RI}$，其中 RI 是平均一致性指标，表为 RI 系数表。当 $CR<0.1$ 时，检验通过，可认为判断矩阵具有满意的一致性，所得到的 $w=(w_1, w_2, \cdots, w_n)^T$ 即为权重，否则就需要重新调整判断矩阵。当阶数小于 3 时，则认为判断矩阵具有满意的一致性，无须再进行一致性检验。

六、B-P 人工神经网络

B-P 人工神经网络是一种基于人脑的抽象计算模型，其通过计算机实现对人脑的模拟，形成类似于生物神经的处理网络，通过对这些处理单元的有序连接，实现对客观世界的模式识别和优化计算。该模型根据输入数据开始自行分析，依据自己的收敛标准反复学习，通过反复调整网络权值，不断更新自身的计算结果，直到模型输出结果达到收敛标准为止。B-P 人工神经网络的具体工作过程如下：

首先，运用加法器对上层节点的结果进行整合。假设节点的输入用 X 表示，节点输出用 Y 表示，节点和上一层的网络权值用 W 表示，偏差用 θ 表示，则第 j 个节点的加法器定义为：

$$U_j = \sum_{i=1}^{n} W_{ij} X_i + \theta_j \tag{5-3}$$

其中，n 表示上层节点的个数，X_i 表示上层第 i 个节点的输出。

然后，根据加法器的计算结果，运用激活函数，将结果影射到一定的取值范围内。B-P 人工神经网络采用（0，1）型 Sigmoid 函数作为激活函数，其形式为：

$$f(U_j) = \frac{1}{1 + e^{-U_j}} \qquad (5-4)$$

根据输出结果的预测误差反向传播到上层隐节点，以此调整网络权值。

第二节　金融危机扩散指数的多指标综合评价体系

多指标综合评价就是运用一定的评价方法，将多个评价指标转化为能够客观全面反映研究对象总体特征的信息。因此，多指标综合评价的首要问题就是指标的选取问题，结果是否客观和准确，依赖于所选取评价指标的个数和指标所涵盖信息的多少。只有建立恰当的指标体系，才能比较完整地反映出被研究对象的整体属性及变化规律，为以后进行的综合评价打下坚实的基础；相反，如果指标体系不能够较完整地体现出被研究对象的整体特征和变化规律，那么得出的综合评价值可能会失去研究的目的性，结果同实际情况相差甚远。不同评价方法的主要区别在于数据的处理方式不同，例如，无量纲化的公式、综合指标的合成、确定指标权重的方法。因此，如何及怎样选择指标的问题是笔者在进行综合评价时首要考虑的难题。

一、衡量金融危机扩散指数的指标选取

在建立多指标综合评价体系时，要首先考虑选取什么样的指标以及指标的多少。一般来说，指标的选择既要科学精准、全面系统，又要典型分层、简洁实用。

本书把金融危机扩散指数作为目标层。综合考虑指标的经济学意义和数据的可得性，本章从国民经济预警指数、进出口贸易指数、服

务贸易指数、外商直接投资市场指数、投资市场指数和汇率市场指数
六个方面选取了二十三个指标来构建我国金融危机扩散指数，选取的
指标如表 5-1 所示。

表 5-1　金融危机扩散指数的指标选取

目标层	准则层	指标层
金融危机扩散指数	国民经济预警指数	GDP 增长率
		上证指数
		深证指数
		恒生指数
		就业率
		先行指数
	进出口贸易指数	出口贸易依存度
		出口增长率
		加工贸易出口占比
		贸易顺逆差变化率
	服务贸易指数	服务贸易国际市场占有率
		服务贸易国际竞争力
		服务贸易出口增速
	外商直接投资市场指数（FDI）	实际利用外资额
		外商直接投资增长率
		外商直接投资占 GDP 的比重
	投资市场指数	投资率
		固定资产投资增长率
		固定资产投资对经济增长的贡献率
	汇率市场指数	出口价格指数
		人民币对欧元汇率变化率
		人民币对美元汇率变化率
		人民币实际有效汇率

二、主要评价指标的解释

（一）GDP 增长率

GDP 增速代表了一个国家的经济发展速度，是衡量一个国家经济发展状况的重要指标。当一个国家 GDP 增长较快时，会对经济产生正面影响；反之，当 GDP 指数大幅度缩减的时候，便会对经济产生负面影响，同时也是货币供给紧缩、利率上升进而外汇汇率上升的先兆，这为我国的经济预警提供有力依据。

（二）上证指数

上证指数从总体上和各个不同侧面反映了上海证券交易所上市证券品种价格的变动情况，可以反映不同行业的景气状况及其价格整体变动情况，从而给投资者提供不同的投资组合分析参照系。[①] 随着证券市场在国民经济中的地位日渐重要，上证指数也将逐步成为观察中国经济运行的"晴雨表"。[②] 上证综合指数以在上海证券交易所挂牌上市的全部股票作为编制对象，能比较全面、准确地反映某一时点股票价格的全面变动情况，能广泛地考虑行业分布，兼顾公司的不同规模和实力，因而具有广泛的代表性。[③]

（三）深证指数

深证指数是衡量深圳股市价格的重要指标，其总市值占深圳联合交易所市场资本额总和的 90％左右，最能够反映深圳股市价格走势。因为深圳同国际间的联系更紧密，因此这一指标也能够更好地反映出国际股市价格波动对我国经济产生的影响。

---

① 王源昌、高原静、陈丹：《中国股市云南板块指数编制及其波动分析》，《经济问题探索》2011 年第 11 期。

② 宋子斌：《我国保险资金境外投资的必要性研究》，硕士学位论文，河海大学，2007 年。

③ 裴雨明：《我国证券市场股票价格指数缺陷分析》，《商业研究》2003 年第 10 期。

（四）恒生指数

恒生指数，香港股市价格的重要指标，其总市值占香港联合交易所市场资本额总和的90%左右，是以香港股票市场中的43家上市股票为成分股样本，以其发行量为权数的加权平均股价指数，是反映香港股市价幅趋势最有影响的一种股价指数。[1]

（五）就业率

就业与经济发展状况有很大关系，由著名的"奥肯定律"可以得到失业率与产出增长率之间数量变动的规律。在经济繁荣时期，失业率低，就业水平高；在经济萧条时期，就业水平低，失业率高。同时，就业率也可以为我国国民经济预警提供有力依据。

（六）先行指数

先行指数是由12个金融指数组成的综合指数，包括个人收入、个人消费支出、全国采购经理指数、耐用品订单、工业生产、设备使用率、零售指数、消费者信贷、新屋开工及建筑许可、建筑支出、消费价格指数、生产价格指数。

（七）出口贸易依存度

出口贸易依存度是指一国或地区的出口总额占该国或地区生产总值的比重，它从一个侧面反映了一国经济发展对进出口贸易的依赖程度及其参与国际分工的程度，一般意义上说，如果一国的出口贸易依存度越高，说明一国的经济发展对进出口贸易的依存度越强。[2]

（八）出口增长率

出口增长率是衡量一个国家的出口增长速度的，如果出口增长率

---

[1]　张凯敏:《金融危机扩散指数及其实证研究》，硕士学位论文，河北大学，2010年。

[2]　张凯敏:《金融危机扩散指数及其实证研究》，硕士学位论文，河北大学，2010年。

越大，证明某国的出口情况越好；反之，出口增长率下降，会对某国国内经济增长速度带来制约作用。出口增长率在一定程度上反映我国的贸易规模，对进出口贸易市场产生一定的影响。

（九）加工贸易出口占比

我国近几年的进出口贸易不断扩大，与我国对外加工贸易的快速发展是离不开的，在我国的进出口贸易中，加工贸易已经成为我国的第一大贸易方式。[①] 在一定程度上反映我国的贸易结构，对进出口贸易市场指数的编制有一定的借鉴作用。

（十）贸易顺逆差变化率

贸易顺差和贸易逆差是相对的，并且处于动态变化过程中。一国出口贸易总额大于进口贸易总额时表现为贸易顺差，反之为贸易逆差，二者各有利弊。而当一个国家出现贸易逆差时，即表示该国外汇储备减少，其商品的国际竞争力削弱，该国在该时期内的对外贸易处于不利地位。大量的贸易逆差将使国内资源外流加剧，外债增加，影响国民经济正常有效运行。一般来说，一国政府在对外贸易中应设法保持进出口基本平衡，略有结余，此举有利于国民经济健康发展。

（十一）服务贸易国际市场占有率

国际市场占有率即一国某产业或产品出口总额占世界市场出口总额的比率，因此，利用服务贸易出口额/世界服务贸易出口额可以反映一国服务贸易的国际市场占有率。服务贸易国际市场占有率越高，则说明该国服务贸易在世界市场的地位越重要，也就越会受到世界经济形势变动的影响。它是衡量服务贸易优势的重要指标，直接表现一国

[①]　王会强、顾六宝：《亚洲金融危机与美国次贷危机对我国出口贸易影响比较分析》，河北大学出版社 2013 年版。

的服务贸易竞争力，国际市场占有率越高，表明该国的服务贸易竞争力越强。反之，则说明该国的服务贸易竞争力较低。

（十二）服务贸易国际竞争力（TC 指数）

TC 指数即是服务贸易竞争力指数，是一国净出口总额与进出口总额之比，可以较好剔除通货膨胀等宏观经济因素的影响。TC 指数是一个相对指标，值域为 [–1，1]，指数值越接近于 1 则竞争力越大，可以用来衡量一国的服务贸易国际竞争力。该指标对世界经济形势的变动很敏感，金融危机如果冲击了一国的服务贸易，则该国的服务贸易国际竞争力会有下降趋势。

（十三）服务贸易出口增速

服务贸易出口增速可以在一定程度上反映一个国家的服务贸易发展规模，增速越大，则说明出口情况越好。该指标亦可以衡量一国的服务贸易发展是否稳定，在当今经济全球化的背景下，金融危机爆发一般都会使服务贸易出口增速急剧下降，甚至出现负增长。

（十四）实际利用外资额

实际利用外资额是指实际到达我国的外商投资金额，这发生在我国和外商签订合作合同之后，包括实际直接利用外资和新增对外借款。实际直接利用外资是指合同外资额的实际到位资金，一般以会计师事务所对企业的验资报告为准。新增对外借款是指报告期内对外借款的提款数额。实际利用外资额能够显露出我国利用外资的真实水平。

（十五）实际利用外资额增长率

外资通过多种渠道进入我国，但并不能全部被我国经济发展吸收利用，一部分外资进入后很快撤离，对我国经济的发展起不到促进作用。实际利用外资额增长率这一指标指的是我国对流入外资的利用率的变化，这一指标越高，说明外资额对我国的经济起到的促进作用越强。

（十六）外商直接投资占 GDP 比重

从对外直接投资占 GDP 的比重可以看出我国对外直接投资的规模。如果所占比重较高，证明我国的对外投资规模大，反之则小。而外商直接投资额（FDI）/GDP 可以映射出一国倚靠外商投资的状况。如果单单用 FDI 的名义数值无法反映出外资的真实使用境况，但使用 GDP 进行改良后就能对实际进行反映。用外商直接投资额的绝对数据不能很好地说明我国利用外资的情况，但如果用 GDP 修正后的相对数据分析我国吸引的外商直接投资，则有更好的说服力。因此，使用修正值更具代表性。

（十七）投资率

投资率指一定时期内总投资占国内生产总值的比率，直接反映了一个国家对外资的依赖程度。在现代经济中，投资是促进增长的一个主要因素，投资所形成的固定资产的数量和质量，在一定程度上决定了经济的发展速度和水平。

（十八）固定资产投资增长率

固定资产投资额是货币表现的建造和购置固定资产活动的工作量，它是反映固定资产投资规模、速度、比例关系和使用方向的综合性指标。固定资产投资增长率指本期固定资产净增加额占初期固定资产总额的比率，用以反映企业固定资产增长的速度和水平。

（十九）固定资产投资对经济增长的贡献率

固定资产投资在拉动 GDP 增长方面具有重要作用，由于投资是 GDP 的三个组成部分之一，因此，投资规模的适度扩大对 GDP 的增长具有一定的推动作用，主要是由于扩大生产能力和扩大投资引起的需求增长，而产生对 GDP 的拉动作用。[①]固定资产投资对经济增长贡献率，即报告期固定资产投资总额增量占同期 GDP 增量的比重，通常表述为投资对经济增长的贡献百分比。

（二十）出口价格指数

出口价格指数又称出口物价指数，是指一个国家在一定时期内，所进行出口的商品平均价格发生变化的一种指数，是能够反映不同时期商品价格水平的变化方向、趋势和程度的经济指标。根据传统理论，汇率的变动可以调节进出口商品的相对价格，从而调节国际贸易的平衡。因此，出口价格指数是我们研究汇率市场指数中一项不可或缺的重要指标。

（二十一）人民币对欧元汇率变化率

这一指标衡量的是欧元和人民币之间货币购买力的高低，用来描述欧洲国家和中国经济之间的联系和发展情况。

（二十二）人民币对美元汇率变化率

这一指标衡量的是美元和人民币之间货币购买力的高低，用来描述美国经济和中国经济之间的联系和发展情况。金融危机期间美元的大幅贬值，引起人民币汇率的波动，这一指标更能很好地说明金融危机给我国经济带来的影响。

（二十三）人民币实际有效汇率

实际有效汇率即将全部的名义汇率上的相对变化情况涵盖其中，又消去了因通货膨胀而对货币原有价值变化的影响，可以全面地反映

---

① 张凯敏：《金融危机扩散指数及其实证研究》，硕士学位论文，河北大学，2010 年。

本国货币的对外价值和相对购买能力。因此，它常常用于度量一个国家贸易商品或服务的国际竞争力，也可以用于货币危机的预警指标，还可以被用于研究一个国家相对于另一个国家居民生活水平的高低。实际有效汇率的变化会直接影响我国货币购买力，影响进出口、外汇储备等衡量经济增长的变量。若实际汇率上升，意味着外国商品和劳务的本币价格相对上涨，本币在外国的购买力上升。[①] 实际有效汇率常常是以外贸比重为权重而获得的一种加权的平均汇率。

---

① 张凯敏：《金融危机扩散指数及其实证研究》，硕士学位论文，河北大学，2010 年。

第六章　金融危机扩散指数指标历史数据检验与评估

　　介绍构建金融危机扩散指数指标体系的具体方法以及选取的具体指标之后，本章进一步对上一章介绍的内容展开具体实证分析。主要针对金融危机扩散指数指标进行历史数据的检验与评估，采用主成分分析法依次从国民经济预警指数、进出口贸易市场指数、服务贸易市场指数、外商直接投资市场指数（FDI）、投资市场指数、汇率市场指数六个方面选取了二十三个指标来构建金融危机扩散指数；同时在确定权重方面分别采用了层次分析法和神经网络系统分析法，以此来构建金融危机扩散预警综合指数，进而运用临界值法来判断在国际金融危机的大背景下我国受到波及的程度，从而给出了综合分析结论。

第一节　金融危机扩散指数的指标数据定义与处理

一、数据的收集整理

　　本书要计算金融危机扩散指数，综合考虑了指标的经济学意义和数据的及时性、可得性；从国民经济预警指数、进出口贸易市场指数、服务贸易市场指数、外商直接投资市场指数（FDI）、投资市场指数、汇率市场指数六个方面选取了二十三个指标来构建金融危机扩散指数。考虑到金融危机扩散预警的及时性要求，以及对各方面影响的分析速度，本书的增长率指标均为环比增长率。考虑各种数据的来源及可获性，本书选取 2006 年 1 月到 2013 年 6 月的历史数据进行检验与评估。

数据来源如下：GDP 增长率、就业率通过国家统计局得到基础数据并计算获得；固定资产投资额来源于国家统计局；上证指数、深证指数、恒生指数、外商直接投资、出口价格指数、实际有效汇率来源于 wind 资讯；人民币对欧元汇率变化率、人民币对美元汇率变化率通过 wind 资讯得到基础数据并计算获得；先行指数来源于国泰安数据库；进出口数据来源于海关总署；服务贸易出口增速、服务贸易市场占有率、服务贸易国际竞争力（TC 指数）通过 UNCTAD 网站计算获得。

二、数据的口径调整

金融危机影响范围广，扩散速度快，为了增强指数编制的客观性，本书采用高频数据计算金融危机扩散指数，以保证指数编制的准确性。根据几个传导途径分析我国受金融危机影响的几个指标，结合我国现有数据库统计所给出的数据，大部分指标都有月度数据，因此本书采用月度数据来计算。国家统计局中只有 GDP 增长率年度数据和季度数据；有关服务贸易的数据，我国国家外汇管理局从 2014 年开始公布月度数据，UNCTAD 网站上只有季度数据。本书中 GDP 增长率、服务贸易出口增速的月度数据，用季度数据的均值来表示。就业率、服务贸易市场占有率和服务贸易国际竞争力 TC 指数的月度数据，用当季的季度数据来表示。

三、数据处理

本书中一些指标笔者可以从数据库查询获得，还有一些是通过数据库中的原始数据计算整理获得，以下为没有直接来源的指标的处理方法。

（一）GDP 增长率

从国家统计局得到的国内生产总值的数据可以看出，有其年度值和季度值，没有月度值，而季度值只有累计值和环比增长速度，且环比增长速度数据不全。所以本书用本季度 GDP 累计值减去上季度 GDP 累计值，作为本季度的 GDP。GDP 增长率等于本季度 GDP 减去上季度 GDP 所得的差与上季度 GDP 的比值。本书要用的月度值用季度值的均值表示。

（二）上证指数、深证指数、恒生指数

上证指数、深证指数、恒生指数都为高频数据，笔者这里用其月收盘价为研究用的月度数据。上证指数基日为 1990 年 12 月 19 日，基日指数定位 100 点，故这里的上证指数为实际值与 100 的比值。深证指数基日为 1995 年 5 月 1 日，基日指数定位 1000 点，故这里的深证指数为实际值与 1000 的比值。恒生指数基日为 1964 年 7 月 31 日，基日指数定位 100 点，故这里的恒生指数为实际值与 100 的比值。

（三）就业率

通过查找国家统计局、中经网数据库、中国统计数据应用支持系统等数据库，笔者可以找到季度失业率，由于就业率与失业率在算法上的差异是其和不等于 1，但差距也不是很大，所以这里的就业率按 1 减去失业率计算，月度值为当季的就业率。

（四）出口贸易依存度、出口增长率、加工贸易出口占比、贸易顺逆差变化率

计算公式为：出口贸易依存度＝出口总额/GDP，这里的月度 GDP

为当季的平均值；出口增长率 =（本月出口总额 – 上月出口总额）/ 上月出口总额；加工贸易出口占比 = 加工贸易出口总额 / 进出口贸易出口总额；贸易顺逆差变化率 = 本月进出口差额 / 上月进出口差额。

（五）外商直接投资增长率、外商直接投资占 GDP 的比重

计算公式为：外商直接投资增长率 =（本月外商直接投资额 – 上月外商直接投资额）/ 上月外商直接投资额；外商直接投资占 GDP 的比重 = 外商直接投资额 /GDP。外商直接投资额为实际使用外资金额，月度 GDP 为当季的平均值。

（六）投资率、固定资产投资增长率、固定资产投资对经济增长贡献率

计算公式为：投资率 = 固定资产投资额 /GDP；固定资产投资增长率 =（本月固定资产投资额 – 上月固定资产投资额）/ 上月固定资产投资额；固定资产投资对经济增长贡献率 = 固定资产投资增长率 /GDP 增长率，月度 GDP 为当季的平均值。

（七）人民币对欧元汇率变化率、人民币对美元汇率变化率

计算公式为：人民币对欧元汇率变化率 = 本月人民币对欧元汇率 / 上月人民币对欧元汇率；人民币对美元汇率变化率 = 本月人民币对美元汇率 / 上月人民币对美元汇率。人民币对欧元汇率与人民币对美元汇率都为实际有效汇率。

第二节　金融危机扩散指数各层次指标检验与评价

一般来讲，构建指数的基本步骤是建立指标体系、提炼指数、确定权重、形成综合预警指数。根据前文确定的指标及其数据，分别对

国民经济预警指数、进出口贸易市场指数、服务贸易市场指数、对外直接投资市场指数、投资市场指数、汇率市场指数六个指数用主成分分析法计算出各指标的权重，并用主成分得分作为其相应准则层指数。

一、国民经济预警指数检验与评价

（一）检验是否适合做主成分分析

根据相关检验规则，一般认为，如果巴特莱特球度检验统计量的值较大，其对应的相伴概率值小于 0.05，那么应该拒绝零假设，认为原始变量之间存在相关性，适合做主成分分析；相反，如果巴特莱特球度统计量比较小，其相应的相伴概率大于 0.05，则认为相关系数矩阵可能是单位阵，不宜做因子分析。

对建立国民经济预警指数使用的六个指标进行检验的结果表明，巴特莱特球度检验统计量的值为 343.459，其相伴概率为 0.000，小于显著性水平 0.05，说明原始变量之间存在相关性，可以进行下一步分析。

（二）选择主成分

主成分分析法常常使用方差贡献率确定主成分的个数。对建立国民经济预警指数使用的六个指标进行检验的结果表明，前三个主成分的累计方差贡献率达到 83.834%（见表 6–1），说明这三个主成分可以反映全部六个指标所包含信息的 83.834%。因此，可以选取三个主成分，并使用这三个主成分的方差贡献率作为权重，计算得出国民经济预警指数。

表6-1　方差贡献率表

成分	初始特征值			提取平方和载入		
	特征值	贡献率（%）	累计贡献率（%）	特征值	贡献率（%）	累计贡献率（%）
1	2.865	47.746	47.746	2.865	47.746	47.746
2	1.164	19.407	67.154	1.164	19.407	67.154
3	1.001	16.680	83.834	1.001	16.680	83.834
4	0.725	12.082	95.916			
5	0.208	3.470	99.386			
6	0.037	0.614	100.000			

（三）指数计算

表6-2　主成分系数表

指标	第一主成分	第二主成分	第三主成分
GDP 增长率 X_1	0.153	−0.105	0.963
上证指数 X_2	0.914	0.255	0.018
深证指数 X_3	0.915	−0.309	−0.072
恒生指数 X_4	0.907	0.050	0.051
就业率 X_5	−0.093	0.976	0.118
先行指数 X_6	0.582	0.191	−0.228

通过前面的分析得知，此时应该提取三个主成分，即第一主成分、第二主成分和第三主成分。使用这三个主成分的主成分载荷、特征值等信息，计算得到主成分系数表（见表6-2）。根据表中的主成分系数，建立国民经济预警指数的三个主成分分别为：

$$F_1=0.153X_1+0.914X_2+0.915X_3+0.907X_4-0.093X_5+0.582X_6 \quad （6-1）$$

$$F_2=-0.105X_1+0.255X_2-0.309X_3+0.050X_4+0.976X_5+0.191X_6 \quad （6-2）$$

$$F_3=0.963X_1+0.018X_2-0.072X_3+0.051X_4+0.118X_5-0.228X_6 \quad （6-3）$$

根据各主成分的方差贡献率（见表6-1），可以进一步计算国民经济预警指数。

$$国民经济预警指数 = \frac{0.4775}{0.8383}F_1 + \frac{0.1941}{0.8383}F_2 + \frac{0.1668}{0.8383}F_3 \qquad （6-4）$$

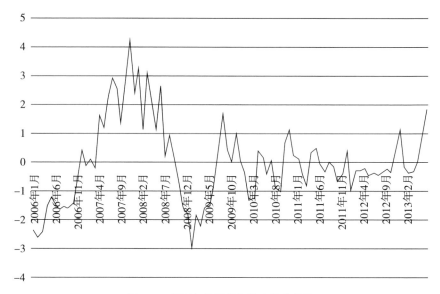

图6-1　国民经济预警指数变化曲线图

对2006年1月—2013年6月的国民经济预警指数绘制曲线图（见图6-1）。由图6-1可以看出，2007年10月之前，国民经济预警指数呈现平稳上升趋势；从2007年10月到2009年1月急剧下降，一方面是由于美国次贷危机、石油和粮食等初级产品价格大幅上涨、金融市场剧烈动荡等复杂多变的国际环境；另一方面连续遭遇低温雨雪冰冻灾害、特大地震灾害、严重洪涝灾害等不利因素，对我国证券市场、国民经济等方面产生了一定影响；2009年由于我国有效的宏观调控发挥了显著作用，使得此后国民经济预警指数开始回暖，并逐步稳定，我国经济发展也越来越好。

二、进出口贸易指数检验与评价

（一）检验是否适合做主成分分析

对建立进出口贸易指数所使用的指标进行检验的结果表明，巴特莱特球度检验统计量的值为 23.692，其相伴概率为 0.001，小于显著性水平 0.05，说明原始变量之间存在相关性，可以进行下一步分析。

（二）选择主成分

仍然使用方差贡献率确定主成分的个数。对建立进出口贸易指数使用的四个指标进行检验的结果表明，前三个主成分的累计方差贡献率达到 87.021%（见表 6-3），说明该三个主成分可以反映原始变量所包含信息的 87.021%。因此可以选取三个主成分，并使用这三个主成分的方差贡献率作为权重，计算得出进出口贸易指数。

表 6-3　方差贡献率表

成分	初始特征值			提取平方和载入		
	特征值	贡献率（%）	累计贡献率（%）	特征值	贡献率（%）	累计贡献率（%）
1	1.503	33.577	33.577	2.865	33.577	33.577
2	1.038	25.944	63.521	1.038	25.944	63.521
3	0.940	23.500	87.021	0.940	23.500	87.021
4	0.519	12.979	100.000			

（三）指数计算

表 6-4　主成分系数表

指标	第一主成分	第二主成分	第三主成分
出口贸易依存度 X_7	0.857	−0.007	−0.016
出口增长率 X_8	0.704	0.340	−0.470
加工贸易出口占比 X_9	0.519	−0.545	0.590
贸易顺逆差变化率 X_{10}	0.063	0.790	0.609

通过前面的分析得知，应该提取三个主成分，即第一主成分、第二主成分和第三主成分。使用这三个主成分的主成分载荷、特征值等信息，计算得到主成分系数表（见表6-4）。根据表中的主成分系数，建立进出口贸易指数的三个主成分分别为：

$$F_1=0.857X_1+0.704X_2+0.519X_3+0.063X_4 \qquad （6-5）$$

$$F_2=-0.007X_1+0.340X_2-0.545X_3+0.790X_4 \qquad （6-6）$$

$$F_3=-0.016X_1-0.470X_2+0.590X_3+0.609X_4 \qquad （6-7）$$

根据各主成分的方差贡献率（见表6-3），可以进一步计算进出口贸易指数。

$$进出口贸易指数 = \frac{0.3358}{0.8702}F_1 + \frac{0.2594}{0.8702}F_2 + \frac{0.2350}{0.8702}F_3 \qquad （6-8）$$

对2006年1月—2013年6月的进出口贸易指数绘制曲线图（见图6-2）。由图6-2可以看出，我国进出口贸易运行指数波动情况可分为金融危机爆发前和爆发后来分析。2008年以前进出口贸易指数相对较平稳，呈现明显的季节波动。金融危机爆发以后，进出口贸易指数受

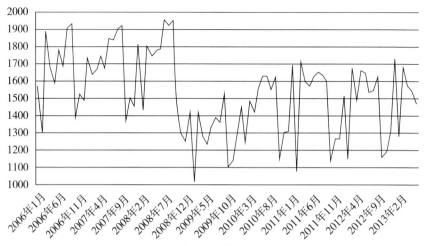

图6-2　进出口贸易指数变化曲线图

到冲击呈下滑趋势，且下滑期间长，幅度大。2009 年后，有回升现象，且情况还算平稳。但是，长期看还是呈现一定的下降趋势。由此可见，金融危机给我国的进出口贸易造成了深远影响。

三、服务贸易市场指数检验与评价

（一）检验是否适合做主成分分析

对建立服务贸易市场指数所使用指标进行检验的结果表明，巴特莱特球度检验统计量的值为 19.005，其相伴概率为 0.000，小于显著性水平 0.05，说明原始变量之间存在相关性，可以进行下一步分析。

（二）选择主成分

仍然使用方差贡献率确定主成分的个数。对建立服务贸易市场指数使用的指标进行检验的结果表明，前两个主成分的累计方差贡献率达到 81.457%（见表 6-5），说明这两个主成分可以反映原始变量所包含信息的 81.457%。因此可以选取两个主成分，并使用它们的方差贡献率作为权重，计算得出服务贸易市场指数。

表 6-5　方差贡献率表

成分	初始特征值			提取平方和载入		
	特征值	贡献率（%）	累计贡献率（%）	特征值	贡献率（%）	累计贡献率（%）
1	1.440	47.990	47.990	1.440	47.990	47.990
2	1.004	33.466	81.427	1.004	33.466	81.457
3	0.556	18.543	100.000			

（三）指数计算

通过前面的分析得知，此时应该提取两个主成分，即第一主成分和第二主成分。使用它们的主成分载荷、特征值等信息，计算得到主成分系数表（见表6-6）。根据表中的主成分系数，建立服务贸易市场指数的两个主成分分别为：

$$F_1 = 0.836X_1 - 0.850X_2 + 0.133X_3 \tag{6-9}$$

$$F_2 = -0.181X_1 - 0.024X_2 + 0.985X_3 \tag{6-10}$$

表6-6　主成分系数表

指标	第一主成分	第二主成分
服务贸易国际市场占有率 X_{11}	0.836	−0.181
服务贸易国际竞争力 X_{12}	−0.850	−0.024
服务贸易出口增速 X_{13}	0.133	0.985

根据各主成分的方差贡献率（见表6-5），可以进一步计算服务贸易市场指数。

$$服务贸易市场指数 = \frac{0.4799}{0.8146}F_1 + \frac{0.3347}{0.8146}F_2 \tag{6-11}$$

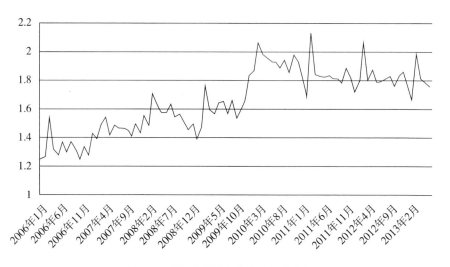

图6-3　服务贸易市场指数变化曲线图

对2006年1月—2013年6月的服务贸易市场指数绘制曲线图（见

图 6-3）。由图 6-3 可以看出，我国的服务贸易市场指数总体呈现稳步上升的趋势。但是，具体看来也存在一定波动性。其中，出现了两次较为明显的下降趋势。第一次发生在金融危机爆发后，即 2008 年开始，服务贸易市场指数开始逐步下降。随后指数开始小幅上升，使得指数处于相对良好的状态。第二次发生在 2010 年第一季度，相对第一次指数下降，此次指数下降的幅度较小，下降趋势放缓。总之，金融危机给我国的服务贸易市场带来了重要的影响。

四、外商直接投资指数检验与评价

（一）检验是否适合做主成分分析

对建立外商直接投资指数所使用指标进行检验的结果表明，巴特莱特球度检验统计量的值为 76.480，其相伴概率为 0.000，小于显著性水平 0.05，说明原始变量之间存在相关性，可以进行下一步分析。

（二）选择主成分

使用方差贡献率确定主成分的个数。对建立外商直接投资指数所使用的指标进行检验的结果表明，前两个主成分的累计方差贡献率达到 89.552%（见表 6-7），说明这两个主成分可以反映原始变量所包含信息的 89.552%。因此，可以选取两个主成分，并使用它们的方差贡献率作为权重，计算得出外商直接投资指数。

表 6-7　方差贡献率表

成分	初始特征值			提取平方和载入		
	特征值	贡献率（%）	累计贡献率（%）	特征值	贡献率（%）	累计贡献率（%）
1	2.034	67.812	67.812	2.034	67.812	67.812
2	0.652	21.740	89.552	0.652	21.740	89.552
3	0.313	10.448	100.000			

（三）指数计算

表 6-8　主成分系数表

指标	第一主成分	第二主成分
实际利用外资额 X_{14}	0.774	0.589
外商直接投资增长率 X_{15}	0.901	−0.021
外商直接投资占 GDP 的比重 X_{16}	0.790	−0.552

由前面的分析得知，此时应该提取两个主成分，即第一主成分和第二主成分。使用它们的主成分载荷、特征值等信息，计算得到主成分系数表（见表 6-8）。根据表中的主成分系数，建立外商直接投资指数的两个主成分分别为：

$$F_1 = 0.774X_1 + 0.901X_2 + 0.790X_3 \qquad （6-12）$$

$$F_2 = 0.589X_1 - 0.021X_2 - 0.552X_3 \qquad （6-13）$$

根据各主成分的方差贡献率（见表 6-7），可以进一步计算外商直接投资指数。

$$外商直接投资指数 = \frac{0.6781}{0.8955}F_1 + \frac{0.2174}{0.8955}F_2 \qquad （6-14）$$

对 2006 年 1 月—2013 年 6 月的外商直接投资指数绘制曲线图（见图 6-4）。由图 6-4 可以看出，在样本区间内外商直接投资市场指数，波动幅度具有一定的季节规律性。美国次贷危机出现时，由于美国并不是投资者最好的选择，因此一部分资金进入我国。金融危机先是促使 FDI 流入，因此 2008 年的外商直接投资市场指数较高。但是热钱的流入总是不稳定的，随着国际金融危机的全面爆发，使得很多投资者又很快将资金从我国撤离，寻求更好的投资机会。所以在 2008 年中后期，外商直接投资市场指数下降，到 2008 年年底，指数开始有所回升，其后一直处于有规律的波动状态。可见，外商直接投资市场指数虽然受到了金融危机的影响，但是可以在短时期内恢复，并且恢复速度较快。

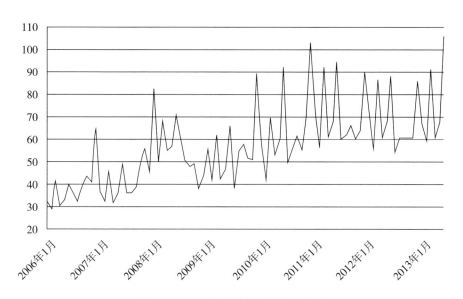

图 6-4 外商直接投资指数变化曲线图

五、投资市场指数检验与评价

（一）检验是否适合做主成分分析

对建立投资市场指数所使用的指标进行检验的结果表明，巴特莱特球度检验统计量的值为 65.53，其相伴概率为 0.000，小于显著性水平 0.05，说明原始变量之间存在相关性，可以进行下一步分析。

（二）选择主成分

使用方差贡献率确定主成分的个数。对建立投资市场指数使用的指标进行检验的结果表明，前两个主成分的累计方差贡献率达到 90.903%（见表 6-9），说明这两个主成分可以反映原始变量所包含信息的 90.903%。因此，可以选取两个主成分，并使用它们的方差贡献率作为权重，计算得出投资市场指数。

表 6-9　方差贡献率表

成分	初始特征值			提取平方和载入		
	特征值	贡献率（%）	累计贡献率（%）	特征值	贡献率（%）	累计贡献率（%）
1	1.998	66.591	66.591	1.998	66.591	66.591
2	0.729	24.312	90.903	0.729	24.312	90.903
3	0.273	9.097	100.000			

（三）指数计算

表 6-10　主成分系数表

指标	第一主成分	第二主成分
投资率 X_{17}	0.653	0.757
固定资产投资增长率 X_{18}	0.891	−0.259
固定资产投资对经济增长的贡献率 X_{19}	0.882	−0.299

由前面的分析得知，此时应该提取两个主成分，即第一主成分和第二主成分。使用它们的主成分载荷、特征值等信息，计算得到主成分系数表（见表 6-10）。根据表中的主成分系数，建立投资市场指数的两个主成分分别为：

$$F_1=0.653X_1+0.891X_2+0.882X_3 \qquad （6-15）$$

$$F_2=0.757X_1-0.259X_2-0.299X_3 \qquad （6-16）$$

根据各主成分的方差贡献率（见表 6-9），可以进一步计算投资市场指数。

$$投资市场指数 = \frac{0.6659}{0.9090}F_1 + \frac{0.2431}{0.9090}F_2 \qquad （6-17）$$

　　对 2006 年 1 月—2013 年 6 月的投资市场指数绘制曲线图（见图 6-5）。由图 6-5 可以看出，投资市场指数有一定的季节波动。在 2008 年 7 月，受金融危机影响，投资市场指数降到最低，随后又逐步恢复正常。2010 年 7 月以后，虽然数据波动还是受季节因素影响，但是总体呈现上升趋势，波动幅度逐渐降低。可见，近年来在我国的宏观经济政策的引导和推动下，我国投资市场基本保持了稳步增长势态。

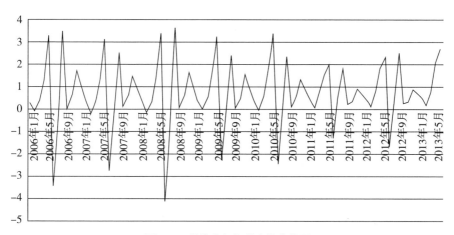

图 6-5　投资市场指数变化曲线图

六、汇率市场指数检验与评价

（一）检验是否适合做主成分分析

　　对建立汇率市场指数所使用指标进行检验的结果表明，巴特莱特球度检验统计量的值为 37.159，其相伴概率为 0.000，小于显著性水平 0.05，说明原始变量之间存在相关性，可以进行下一步分析。

（二）选择主成分

　　使用方差贡献率确定主成分的个数。对建立汇率市场指数所使用的指标进行检验的结果表明，前三个主成分的累计方差贡献率达到 87.906%（见表 6-11），说明这三个主成分可以反映原始变量所包含信息的 87.906%。因此，可以选取三个主成分，并使用它们的方差贡献率作为权重，计算得出汇率市场指数。

表 6-11　方差贡献率表

成分	初始特征值			提取平方和载入		
	特征值	贡献率（%）	累计贡献率（%）	特征值	贡献率（%）	累计贡献率（%）
1	1.690	42.255	42.255	1.690	42.255	42.255
2	1.104	27.595	69.850	1.104	27.595	69.850
3	0.722	18.056	87.906	0.722	18.056	87.906
4	0.484	12.094	100.000			

（三）指数计算

由前面的分析得知，此时应该提取三个主成分，即第一主成分、第二主成分和第三主成分。使用它们的主成分载荷、特征值等信息，计算得到主成分系数表（见表 6-12）。根据表 6-12 中的主成分系数，建立汇率市场指数的三个主成分分别为：

$$F_1=-0.737X_1-0.215X_2+0.706X_3-0.776X_4 \quad （6-18）$$

$$F_2=-0.475X_1+0.923X_2-0.153X_3-0.056X_4 \quad （6-19）$$

$$F_3=0.074X_1+0.118X_2+0.669X_3-0.506X_4 \quad （6-20）$$

表 6-12　主成分系数表

指标	第一主成分	第二主成分	第三主成分
出口价格指数 X_{20}	-0.737	-0.475	0.074
人民币兑欧元汇率变化率 X_{21}	-0.215	0.923	0.118
人民币兑美元汇率变化率 X_{22}	0.706	-0.153	0.669
实际有效汇率 X_{23}	-0.776	-0.056	-0.506

根据各主成分的方差贡献率（见表 6-11），可以进一步计算汇率市

场指数。

$$汇率市场指数 = \frac{0.4225}{0.8791}F_1 + \frac{0.2760}{0.8791}F_2 + \frac{0.1806}{0.8791}F_3 \qquad (6-21)$$

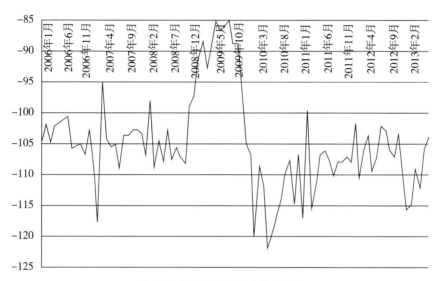

图6-6　汇率市场指数变化曲线图

对2006年1月—2013年6月的汇率市场指数绘制曲线图（见图6-6）。由图6-6可以看出，在样本区间内，我国汇率市场指数波动情况较为复杂。2008年之前，我国汇率市场指数小幅波动，总体趋势平稳。但是在2008年开始呈现剧烈波动，直到2010年汇率市场指数呈现平稳波动趋势。从上面的数据可以分析出，金融危机发生以后汇率一直处于不稳定状态，不过没有出现巨幅波动。汇率不仅受到世界上其他国家动荡波及的影响，同时也受到本国出台的一系列规章制度的影响。

第三节　金融危机扩散指数测算

通过以上的计算得知金融危机扩散指数的各准则层指数，并针对各准则层指数的发展趋势及受金融危机的影响程度进行了分析。国民经济预警指数、进出口贸易市场指数、服务贸易市场指数、外商直接投资市场指数、投资市场指数、汇率市场指数在金融危机时期都发生了明显的变化，那么金融危机对中国经济整体有怎样的影响，金融危机期间我国经济体又有着怎样的变化趋势和特点。下文通过层次分析法来构造判断矩阵，计算各个子系统对金融危机贡献力的权重，从而编制金融危机扩散总指数。为了检验结果的准确性和客观性，本书又利用神经网络法的原理，运用 Clementine 对各准则层指数的权重进行调整，计算得出结果，并将两种结果进行简单的比较。

一、层次分析法计算金融危机扩散指数

（一）确定权重

1. 构造判断矩阵 A

在层次分析法中，为了使决策判断定量化，形成数值判断矩阵，常根据一定的比例标度将判断定量化，本书根据常用的 1—9 标度方法，并通过咨询相关专家构造准则层对目标层的矩阵 A，得到表 6-13。

表 6-13　准则层的 1—9 标度专家打分

A	国民经济预警指数	进出口贸易指数	服务贸易市场指数	外商直接投资市场指数（FDI）	投资市场指数	汇率市场指数
国民经济预警指数	1	1/4	3	1/3	1/2	1/3
进出口贸易指数	4	1	3	3	2	3
服务贸易市场指数	1/3	1/3	1	1/2	1/3	1/2
外商直接投资市场指数（FDI）	3	1/3	2	1	1/2	2
投资市场指数	2	1/2	3	2	1	2
汇率市场指数	3	1/3	2	1/2	1/2	1

根据表6-13的评判值可将重要性评判值写成判断矩阵 A：

$$A=\begin{bmatrix} 1 & 1/4 & 3 & 1/3 & 1/2 & 1/3 \\ 4 & 1 & 3 & 3 & 2 & 3 \\ 1/3 & 1/3 & 1 & 1/2 & 1/3 & 1/2 \\ 3 & 1/3 & 2 & 1 & 1/2 & 2 \\ 2 & 1/2 & 3 & 2 & 1 & 2 \\ 3 & 1/3 & 2 & 1/2 & 1/2 & 1 \end{bmatrix}$$

2. 计算权向量，采用求和法计算

为了使比较矩阵 A 用起来比较方便，选择合适的比例因子，使所选各指标的重要性之和为 1，进行归一化，然后将每一列进行归一化之后的矩阵按行求平均值，所求即为权向量：

$$w=\begin{bmatrix} 0.0899 & 0.3422 & 0.0664 & 0.1625 & 0.2094 & 0.1296 \end{bmatrix}^T$$

3. 计算判断矩阵最大特征根

$$Aw=\begin{bmatrix} 1 & 1/4 & 3 & 1/3 & 1/2 & 1/3 \\ 4 & 1 & 3 & 3 & 2 & 3 \\ 1/3 & 1/3 & 1 & 1/2 & 1/3 & 1/2 \\ 3 & 1/3 & 2 & 1 & 1/2 & 2 \\ 2 & 1/2 & 3 & 2 & 1 & 2 \\ 3 & 1/3 & 2 & 1/2 & 1/2 & 1 \end{bmatrix} \times \begin{bmatrix} 0.0899 \\ 0.3422 \\ 0.0664 \\ 0.1625 \\ 0.2094 \\ 0.1296 \end{bmatrix} = \begin{bmatrix} 0.5767 \\ 2.1961 \\ 0.4263 \\ 1.0430 \\ 1.3437 \\ 0.8321 \end{bmatrix}$$

$$\lambda_{max} = \frac{1}{6}\left(\frac{0.5767}{0.0899} + \frac{2.1961}{0.3422} + \frac{0.4263}{0.0664} + \frac{1.0430}{0.1625} + \frac{1.3437}{0.2094} + \frac{0.8321}{0.1296}\right) = 6.4181$$

4. 一致性检验

$$CI = \frac{\lambda_{max} - n}{n-1} = \frac{6.4181-6}{6-1} = 0.0836$$

$$CR = \frac{CI}{RI} = \frac{0.0836}{1.24} = 0.0674 < 0.1$$

因此，判断矩阵具有满意的一致性，权重为：

$$w=\begin{bmatrix} 0.0899 & 0.3422 & 0.0664 & 0.1625 & 0.2094 & 0.1296 \end{bmatrix}^T$$

（二）根据子系统权重和得分计算金融危机扩散总指数得分

假设 P_k^i 为第 k 个时间点上六个分项指数中第 i 个分项指数的值，Q 为前文得出的每项分项指数所对应的权重，使用 P_k 表示第 k 个时间点的金融危机扩散指数，则可根据以下公式计算 2006 年 1 月至 2013 年 6 月的金融危机扩散指数（见表 6-14）。

$$P_k = \sum_{i=1}^{6} P_k^i \times Q_i \qquad (6\text{-}22)$$

表 6-14　金融危机扩散指数

年 月	2006	2007	2008	2009	2010	2011	2012	2013
1	−0.346	−0.2124	0.6236	−0.8258	−0.9389	0.4422	−1.0449	0.72
2	−1.0846	0.2531	−0.9363	−1.3497	−0.6728	−0.3354	0.1281	0.6524
3	0.8012	0.1886	1.8945	0.8097	0.6407	2.2294	1.2649	0.8296
4	0.1217	0.272	0.4547	−1.2232	−0.0486	1.8633	0.0839	0.2585
5	0.0506	−0.24	0.0631	−0.9867	0.1359	−0.1671	0.2457	0.6362
6	0.4893	0.3861	0.5148	0.2307	1.0142	0.7921	0.5739	1.3802
7	−0.718	0.017	−0.101	−1.3615	0.9191	−0.5245	−1.2212	
8	−0.359	−0.1592	−0.9238	−0.9187	0.252	0.3469	−0.0295	
9	−0.012	0.5115	0.0126	−0.1525	0.6238	0.3068	1.1525	
10	−0.4007	0.1555	−0.5193	−0.6396	1.0825	0.2595	0.1984	
11	0.2941	0.6564	−0.6338	−0.508	0.2672	0.0775	−0.2503	
12	0.6154	0.1431	1.3928	0.2366	−0.0357	−0.1059	1.0846	

二、B-P 神经网络调整权重并计算金融危机扩散指数

运用 Clementine 软件进行分析时，选取的输入变量为各个子系统的得分，输出变量即目标变量，即用层次分析法得出权重的金融危机扩散指数。首先，用数据流中的分区节点，将样本集划分为 70% 的训练样本集和 30% 的检验样本集；然后，做神经网络时，运用动态

B–P网络，模型训练方法根据预测精度选择动态增补法，预测结果见图6–7。

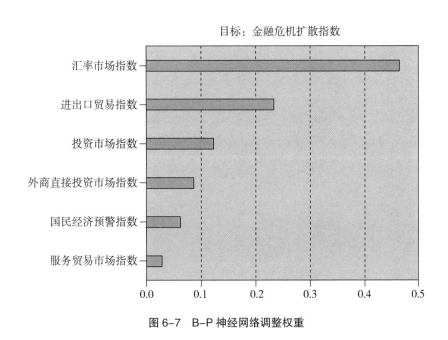

目标：金融危机扩散指数

图6–7 B–P神经网络调整权重

根据图6–7的结果可以看出，该模型的预测精度达到了99.13%，模型对于样本数据的拟合度很好。由图6–7可以看出，汇率市场指数、进出口贸易指数、投资市场指数这三种指数对金融危机扩散指数的影响较为显著，其中汇率市场指数影响最为重要，达到了0.464。由以上的分析可知，国民经济预警指数、进出口贸易指数、服务贸易指数、外商直接投资指数、投资市场指数、汇率市场指数在金融危机扩散指数编制中的权重分别为0.0622、0.2338、0.0296、0.0868、0.1236、0.464。根据权重计算金融危机扩散指数如图6–8所示。

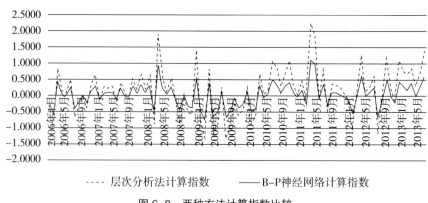

图6-8　两种方法计算指数比较

　　由图6-8的结果可以看出，由综合得分总体变化情况可知，层次分析法的结果较B-P神经网络的结果波动性稍微大一点，但主观方法和客观方法得出的指数变化趋势基本保持一致，说明了结果的准确性，能够用来评价金融危机扩散程度的影响。

　　从以上两种算法得出金融危机扩散指数的总体趋势来看，在2008年以前，我国经济总体呈现较平稳的发展趋势，且略微呈上升趋势。从2008年1月开始出现剧烈波动，并出现明显下滑，虽然在2009年年中开始回升，且在2010年年中已渐渐恢复稳定状态，但经济波动依然不小，可见，金融危机对我国经济影响深远。

第四节　金融危机扩散指数程度分析

一、金融危机扩散指数变化趋势

　　由于我国经济基本呈上升的发展趋势，也由于国际大环境的瞬息变化对我国经济的整体发展起到冲击作用，所以我们应准确判断：是金融危机的发生导致了我国经济发展趋势的变化，还是国际市场上供求变化的影响导致了我国经济发展趋势的变化。只有基于这种准确判断，我们才能够采取一定的措施保持经济的稳定发展。而市场供求关系小幅的短暂影响是由市场决定的，没有必要进行政府干预。因此，可用金融危机扩散指数变化幅度的长期平均趋势作为基础评价指标。

本书运用金融危机扩散指数变化幅度绝对值来确定金融危机的临界值，因为金融危机爆发后，我国经济指标必然会发生短期波动并偏离长期均衡趋势且变化幅度应该较大。因此，笔者用上一章金融危机扩散指数变化幅度的平均值作为基础评价指标，当金融危机扩散指数变化幅度背离长期经济平均变化的时候我们认为是金融危机的爆发引起该变化，应予以高度重视。若金融危机扩散指数只是围绕平均值小幅变化，那么我国政府可以采取静观其变的态度，暂且将经济的发展交由市场去决定。

我国金融危机扩散指数变化幅度计算结果见图6-9。

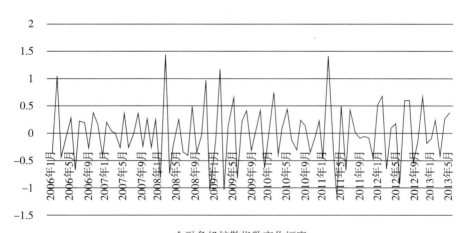

—— 金融危机扩散指数变化幅度

图6-9　汇率市场指数

通过计算得到金融危机扩散指数变化幅度的长期平均趋势是0.009247。由图6-9可以看出，在金融危机爆发前，变化幅度基本上是围绕0.009247小幅度变动，只有2006年3月偏离长期平均趋势的幅度较大。在金融危机爆发后，即从2008年2月到2009年7月，变化幅度较大。2009年第四季度迅速恢复到正常偏离范围，2011年3—5月有较大的偏离，其他时间均处于正常偏离状态，但负的偏离多于正的偏离。综上所述，由于金融危机的影响，在其爆发后的一年半时间里，我国金融危机扩散指数偏离长期平均趋势的幅度很大，金融危机严重影响了我国经济的发展。虽然其后又恢复了相对稳定的状态，但从图中仍可看出变化幅度比金融危机爆发前大。可见，金融危机对我国造成了不可小觑的影响。

二、金融危机扩散指数临界值的确定

通过上节对金融危机扩散指数变化幅度的分析，可以看出用金融危机扩散指数变化幅度的临界值能够很好地反映出我国经济受金融危机影响而出现的波动情况，因此，笔者可以借助临界值的变化来分析其对我国经济的扩散程度。

本书用五灯显示预警系统[①]来确定临界值。五灯显示预警系统有五个预警区间，采取类似交通管制信号灯的灯号显示法。它通过蓝灯区、浅蓝灯区、绿灯区、黄灯区、红灯区五种标识进行扩散程度的划分。不同的标识系统，每个灯号的扩散程度也会有所不同。

考虑到我国金融危机扩散指数的变化趋势以及数据处理简便等问

[①] 陈亚雯：《美国次贷危机对中国金融和出口企业的影响与政策建议》，《经济问题探索》2008年第8期。

题，本章以样本数据偏离长期平均趋势幅度最高的三个值的平均数作为红灯区与黄灯区的临界值，以样本数据偏离长期平均趋势幅度最低的三个值的平均数作为蓝灯区与浅蓝灯区的临界值，两者之间的25%分位和75%分位为浅蓝灯区和绿灯区、绿灯区和黄灯区的临界值。笔者用上一节计算的金融危机扩散指数变化幅度的绝对值来表示样本数据偏离长期平均趋势幅度，我国金融危机扩散指数的临界值如表6-15所示。

表6-15　我国服务贸易的临界值

灯区	蓝灯区	浅蓝灯区	绿灯区	黄灯区	红灯区
取值范围	<0.018	0.018—0.209	0.209—0.684	0.684—1.323	>1.323
含义	影响过小	影响较小	正常浮动	较严重	影响严重

根据表6-15中临界值的设定以及前文的计算，可得金融危机扩散指数扩散程度图，如图6-10所示。

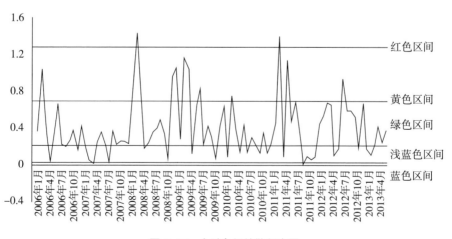

图6-10　金融危机扩散程度图

从图6-10可以看出，我国金融危机扩散指数变化幅度大部分位于绿灯区，处于正常浮动，发展比较平稳，这说明了我国经济在大部分时期都处于平稳发展过程，特别是 2011 年 6 月以后的两年多时间几乎都处于该区间，表明我国已经基本走出了金融危机对我国经济影响的阴影，回归到正常发展状态；在 2008 年以前，金融危机扩散指数变化幅度位于浅蓝灯区的频率较高，2008 年到 2009 年位于浅蓝灯区的频率较低，而从 2010 年开始又有较长的时间处于浅蓝灯区，说明我国经济总体来讲比较稳定，可以发现在金融危机爆发的前一年，我国经济保持着较快的发展势头，而在金融危机爆发的两年后，我国经济恢复得较快；2007 年 4 月到 2011 年 9 月，金融危机扩散指数变化幅度位于蓝灯区，表示当时我国经济发展很好，很稳定；2008 年、2009 年金融危机扩散指数变化幅度位于黄灯区的频率较其他年份高，且 2008 年 3 月金融危机扩散指数变化幅度位于红灯区，这说明 2008 年和 2009 年我国经济受金融危机影响较严重；2011 年 3 月，金融危机扩散指数变化幅度也位于红灯区，说明我国经济在当时遇到了点小挫折，但很快又恢复正常。综合来看，在样本区间内，我国金融危机扩散指数变化幅度大致呈现出这样一种发展态势：金融危机爆发前基本平稳发展；在金融危机爆发后的两年内受影响比较严重，之后走出金融危机影响，在经历了快速恢复之后回归到正常平稳的发展状态。

　　我国金融危机的扩散程度分析表明，当我国金融危机扩散指数变化幅度进入黄灯区甚至是红灯区时，必须要引起足够的重视，重新审视世界经济形势的新动向，提前做好预防工作，从而避免或减轻我国经济受世界经济形势变动的影响。此外，对于我国金融危机扩散指数变化幅度进入浅蓝灯区或蓝灯区，也要防止经济贸易发展势头过猛，引起其他国家抵制。总之，做好我国金融危机扩散指数的扩散程度分析工作，使我国经济平稳正常的发展，才能进一步增强我国应对各种危机的能力，提升我国经济的国际竞争力。

三、综合分析结论

2007 年美国次贷危机引起的经济危机席卷全球，作为与国际经济接轨的中国也受到了金融危机的洗礼，由于金融危机的滞后效应，2008 年金融危机在中国全面扩散，总体经济直线下降，严重影响到了中国经济和民生的发展。通过上文金融危机扩散指数的编制可以看出，中国的整体经济受金融危机的影响是比较严重的，到 2009 年，中国的经济还是没有得到很好的恢复。

从前文的分析可以看出，汇率市场是受金融危机影响最大的。汇率市场从 2008 年开始有剧烈的波动，直到 2009 年年中跌到谷底。汇率市场指数下降幅度之大，为历史变化最高值。金融危机爆发后，中国的实际有效汇率一直上升，达到 118.6658，从 2007 年到 2009 年上升了 13.5。虽然汇率市场指数从 2010 年开始攀升，但是此后波动幅度大，非常不稳定。中国汇率市场的这种明显变化，给中国的出口造成了严重的损失。中国汇率的上升直接表现在出口价格的变化，实质是削弱了我国出口产品的国际竞争力，给中国的出口蒙上了一层厚厚的阴影。

在这次金融危机中，进出口贸易市场受到的影响也很大，自从金融危机爆发后，对外贸易市场指数呈直线下滑，尤其是从 2008 年年初开始，进出口贸易市场指数飞速下滑，而且一直持续到 2009 年为止，没有任何一点回升的迹象。说明在这次金融危机中，中国的出口受到了重创。尤其中国东南沿海的对外出口企业，好多都面临着倒闭，中国的制造业（圣诞礼物、毛绒玩具、服装等）出现了大量的积压，导致中国内地的物价暴跌，致使中国不得不改变宏观经济政策，使扩大出口转变为扩大内需，让中国人自己来带动经济的发展，为世界走出金融危机的阴影作出贡献。因为这次金融危机是从美国引发的，美国又是中国的第一大贸易伙伴，当金融危机爆发后，美国经济缩水，对外需求减少，这样直接影响到中国的出口贸易。

投资市场回升势头明显。在 2008 年中期有明显的下滑后，到 2008 年年底开始上升。虽然投资市场也受到了金融危机的影响，但是扩大投资作为应对金融危机的重要手段，对我国经济率先回升起到了关键作用。国家把增加投资作为应对金融危机，拉动经济增长的重要手段，尤其是固定资产投资，到 2009 年，固定资产投资对经济增长的贡献率为 150，比 2007 年增长了 90 个百分点，进入了一个全面快速增长的时期。

第七章　金融危机扩散预警指数的实测检验与分析

前述章节分析得出金融危机通过四种渠道影响我国的经济发展，并由虚拟经济逐渐蔓延到实体经济进而影响到我国整个经济体，因此建立金融危机扩散预警指数并且根据指数进行分析和预警的重要性越发凸显。

本章先选取 2005—2010 年的月度数据，分渠道地对预警指数进行综合评价分析，而后编制金融危机扩散影响的预警总指数，并结合金融危机预警指数的变化给出危机临界值。然后选取 2011—2015 年的月度数据对我国当前经济形势进行实证分析，从各渠道指标的变动情况分析当前我国发生金融危机的可能性。

第一节　金融危机扩散影响预警指数的指标选取

一、指标的选取原则

（一）科学性原则

各个指标的选取、权重的确定、数据的选择、计算与合成等都必须建立在一定的科学基础之上。本书所选取的指标，在次贷危机爆发后都受到了不同程度的影响，这说明指标的选取是合理的。

（二）可操作性原则

选取指标时要考虑数据取得的难易程度，尽量选取通过中国统计年鉴或是国家有关网站可以查找到的数据，以此来保证数据来源的可靠性，同时操作起来也比较方便灵活。

（三）典型性原则

所选取的评价指标要具有一定的代表性，也就是说这些指标要能够从不同方面反映出金融危机对我国经济的影响。而且，在减少指标的数目、压缩数据量的情况下也不会影响结果的可靠性。

（四）系统性原则

金融危机预警指数是一个复杂的体系，选取的指标必须具有层次性，各指标之间要存在一定的逻辑关系，不但要从不同的侧面反映金融危机造成的影响，而且还要反映系统之间的内在联系。每一个子系统由一组指标构成，各指标之间相互独立，又彼此联系，共同构成一个有机的统一体。

二、本书所选取的指标

基于前文对金融危机扩散渠道的分析，本书在充分考虑指标经济学含义和现实意义以及数据的可得性问题后，从四种扩散渠道选取了十九个可能受金融危机影响的指标共同构建了金融危机预警指数，所选取的指标如表7-1所示。

表7-1　金融危机预警指数各指标

	准则层	指标层
目标层	外汇渠道	人民币实际有效汇率指数 美元兑人民币汇率 欧元兑人民币汇率 外汇储备增长率

续表

	准则层	指标层
目标层	心理预期渠道	采购经理指数 企业景气指数 消费者信心指数
	资产价格渠道	深证综合指数振幅 上证综合指数振幅 恒生指数 纳斯达克指数 房屋销售价格指数
	对外贸易渠道	出口外贸依存度 货物贸易出口增速 服务贸易出口增速 服务贸易市场占有率变动 服务贸易竞争力 TC 指数 服务贸易出口依存度 服务贸易出口到四大贸易伙伴国家和地区的增速

第二节　指标权重方法的选择

　　某一指标的权重是指该指标在整体评价中的相对重要程度。在综合评价中，权重系数的精确性和科学性将直接影响评价的结果。上文通过分析得出结论，金融危机扩散路径指标体系可以分为四种渠道、三个层次。本书在参阅其他文献指数编制的方法后，对于三级指标采用主成分分析法进行整合，对于二级指标层，采用层次分析法赋予权重并计算综合得分。

第三节　金融危机预警指数各个分指标综合评价

一、对外贸易渠道综合评价

（一）KMO 检验和巴特利（Bartlett）球度检验

KMO 统计量的值和巴特利球度检验统计量的值可用来当作判断数据是否适合进行主成分分析的依据。当 KMO 统计量的值大于 0.5，巴特利球度检验的伴随概率小于 0.05 的显著性水平时，所测变量就可以进行主成分分析。

检验结果如表 7-2 所示，对外贸易渠道各指标可以进行主成分分析。

表 7-2　KMO 和巴特利球度检验

KMO 值	0.737
巴特利球度检验统计量	400.552
df	21
相应概率	0.000

（二）相关系数矩阵分析

相关系数矩阵的特征值就是主成分的方差贡献率，特征值越大，证明主成分对子系统的解释能力越强。

分析结果如表 7-3 所示，前两个成分的累计贡献率为 80.491%，较好地解释了有变量的大部分信息。

表 7-3　方差贡献率

成分	初始特征值			提取平方和载入		
	特征值	贡献率（%）	累计贡献率（%）	特征值	贡献率（%）	累计贡献率（%）
1	3.986	56.943	56.943	3.986	56.943	56.943
2	1.648	23.548	80.491	1.648	23.548	80.491

续表

成分	初始特征值			提取平方和载入		
	特征值	贡献率（%）	累计贡献率（%）	特征值	贡献率（%）	累计贡献率（%）
3	0.542	7.749	88.240			
4	0.354	5.059	93.299			
5	0.267	3.813	97.113			
6	0.147	2.102	99.214			
7	0.055	0.786	100.000			

（三）计算主成分特征向量

SPSS 软件分析结果只给出因子载荷矩阵，主成分各个指标的系数可以由初始因子载荷矩阵的系数除以主成分对应特征值的开平方根得到。

SPSS 软件给出的初始因子载荷矩阵如表 7-4 所示，通过计算可得主成分 F_1 的特征向量值为（0.39，0.43，0.01，0.45，0.46，0.46，0.22），F_2 的特征向量值为（-0.17，0.16，0.73，0.02，-0.20，-0.12，0.59）。

表 7-4　初始因子载荷矩阵

指标	主成分	
	1	2
出口外贸依存度	0.778	-0.218
货物贸易出口增速	0.854	0.201
服务贸易出口增速	0.025	0.942
服务贸易市场占有率变动	0.892	0.022
服务贸易国际竞争力 TC 指数	0.913	-0.263
服务贸易出口依存度	0.913	-0.150
出口到四大伙伴国家和地区的增速	0.435	0.762

（四）各主成分得分和综合得分

根据计算得到的主成分得分矩阵可以计算每个主成分得分，再根据各主成分的方差贡献率，计算每个月的综合得分。

$$F_1=0.39 \times X_1+0.43 \times X_2+0.01 \times X_3+0.45 \times X_4+0.45 \times X_5+0.46 \times X_6+0.22 \times X_7$$

$$（7-1）$$

$$F_2=-0.17 \times X_1+0.16 \times X_2+0.73 \times X_3+0.02 \times X_4-0.20 \times X_5-0.12 \times X_6+0.59 \times X_7$$

$$（7-2）$$

对外服务贸易渠道的综合得分 $F=0.57 \times F_1+0.24 \times F_2$，综合得分结果如图 7-1 所示。

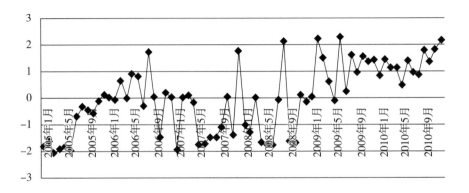

图 7-1　2005—2010 年对外贸易渠道得分

从图 7-1 可以看出，在金融危机开始显露的前一年，我国对外贸易渠道指标数值呈现上升趋势，从 2006 年 7 月美国次贷危机刚刚显露出迹象开始，我国对外贸易市场便受到巨大冲击，指标值急剧下降，到 2008 年下半年，虽出现两次短暂的反弹，但都没能挽回对外贸易市场低迷的局势。直到 2008 年年底对外贸易市场开始出现平稳复苏的趋势，随后两年内都基本保持平稳上升态势。综上可知，我国对外贸易市场的确受到美国金融危机的影响，且这种影响滞后期较短，危机很快扩散到我国。

二、汇率市场渠道综合评价

（一）KMO 检验和巴特利球度检验

检验结果如表 7-5 所示，汇率市场渠道各指标可以进行主成分分析。

表 7-5　KMO 和巴特利球度检验

KMO 值	0.748
巴特利球度检验统计量	533.389
df	6
相应概率	0.000

（二）相关系数矩阵分析

分析结果如表 7-6 所示，只有第一个成分的特征值大于 1，累计贡献率为 81.313%，较好地解释了原有变量的大部分信息。

表 7-6　方差贡献率

成分	初始特征值			提取平方和载入		
	特征值	贡献率（%）	累计贡献率（%）	特征值	贡献率（%）	累计贡献率（%）
1	3.253	81.313	81.313	3.253	81.313	81.313
2	0.492	12.304	93.618			
3	0.207	5.183	98.801			
4	0.048	1.199	100.000			

（三）计算主成分特征向量

SPSS 软件给出的初始因子载荷矩阵如表 7-7 所示，通过计算可得主成分 F_1 的特征向量值为（-0.54，0.52，0.5，0.44）。

表 7-7　初始因子载荷矩阵

指标	主成分 1
人民币实际有效汇率指数	-0.969

指标	主成分1
欧元兑人民币汇率	0.944
美元兑人民币汇率	0.897
外汇储备增长率环比	0.785

（四）各主成分得分和综合得分

汇率市场渠道只选取了一个主成分，F_1 的得分即综合得分。

$$F_1=-0.54 \times X_1+0.52 \times X_2+0.5 \times X_3+0.44 \times X_4 \qquad （7-3）$$

汇率市场渠道主成分得分如图7-2所示。

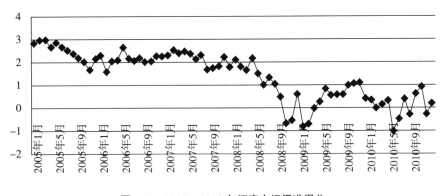

图7-2　2005—2010年汇率市场渠道得分

从图7-2可以看出，在金融危机爆发前一年至危机爆发后一年，我国汇率市场渠道各指标虽略有波动，但基本上呈现较平稳的状态，在金融危机爆发后将近一年，我国汇率市场受到了影响，从2008年4月开始，汇率市场渠道指标值开始出现急速下滑，到2008年9月跌至最低点，年底出现短暂反弹后又急速下跌，但这种下滑从2009年年初开始出现回升的趋势，之后一年内影响依旧存在，到2010年也未恢复到危机爆发之前的状态。综上可知，我国汇率市场的确受到美国金融危机的影响，金融危机对我国外汇储备和汇率都造成了一定的冲击。

三、心理预期渠道综合评价

（一）KMO 检验和巴特利球度检验

检验结果如表 7-8 所示，KMO 值大于 0.5，巴特利球度检验的伴随概率小于 0.05 的显著性水平，心理预期渠道各指标可以进行主成分分析。

表 7-8　KMO 和巴特利球度检验

KMO 值	0.642
巴特利球度检验统计量	115.266
df	3
相应概率	0.000

（二）相关系数矩阵分析

分析结果如表 7-9 所示，只有第一个成分的特征值大于 1，累计贡献率为 72.019%，可以解释原有变量的大部分信息。

表 7-9　方差贡献率

成分	初始特征值			提取平方和载入		
	特征值	贡献率（%）	累计贡献率（%）	特征值	贡献率（%）	累计贡献率（%）
1	2.161	72.019	72.019	2.161	72.019	72.019
2	0.566	18.876	90.895			
3	0.273	9.105	100.000			

（三）计算主成分特征向量

SPSS 软件给出的初始因子载荷矩阵如表 7-10 所示，通过计算可得主成分 F_1 的特征向量值为（0.56，0.62，0.55）。

表 7-10　初始因子载荷矩阵

指标	主成分 1
采购经理指数	0.819
企业景气指数	0.912
消费者信心指数	0.811

（四）各主成分得分和综合得分

根据各主成分的贡献率，可计算每个月的主成分得分值。心理预期渠道只选取了一个主成分，F_1 的得分即综合得分，综合得分结果如图 7-3 所示。

$$F_1=0.56 \times X_1+0.62 \times X_2+0.55 \times X_3 \qquad （7-4）$$

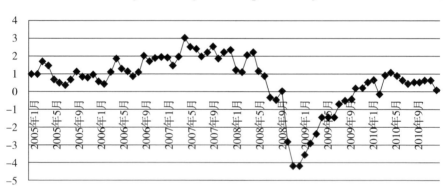

图 7-3　2005—2010 年心理预期渠道得分

从图 7-3 可以看出，在金融危机爆发前一年至危机爆发之后，心理预期渠道指标虽略有波动，但基本上呈现平稳态势，在金融危机爆发之后大概一年，心理预期渠道指标值出现明显下降趋势，从 2008 年年初开始，指标出现急速下滑，到 2008 年年底跌到最低值 –4.2，之后从 2009 年年初逐渐出现上升趋势，虽然其间还有所波动，但整体形势明显好于危机爆发时的状态，但到 2010 年还未恢复到危机前的状态。可见，美国金融危机的确通过心理预期渠道对我国经济产生了影响，但这种影响在持续一段时间后得到缓解。

四、资产价格渠道综合评价

（一）KMO检验和巴特利球度检验

检验结果如表7-11所示，KMO值大于0.5，巴特利球度检验的伴随概率小于0.05的显著性水平，资产价格渠道各指标适合做主成分分析。

表7-11　KMO和巴特利球度检验

KMO值	0.64
巴特利球度检验统计量	194.243
df	10
相应概率	0.000

（二）相关系数矩阵分析

分析结果如表7-12所示，前两个成分的累计贡献率为85.195%，较好地解释了原有变量的大部分信息。

表7-12　方差贡献率

成分	初始特征值			提取平方和载入		
	特征值	贡献率（%）	累计贡献率（%）	特征值	贡献率（%）	累计贡献率（%）
1	2.912	58.239	58.239	2.912	58.239	58.239
2	1.348	26.956	85.195	1.348	26.956	85.195
3	0.392	7.840	93.035			
4	0.210	4.194	97.229			
5	0.139	2.771	100.000			

（三）计算主成分特征向量

SPSS软件给出的初始因子载荷矩阵如表7-13所示，通过计算可得主成分 F_1 的特征向量值为（0.44，0.27，0.44，0.49，0.55），F_2 的特征向量值为（0.44，0.69，−0.48，−0.32，−0.02）。

表 7-13　初始因子载荷矩阵

指标	主成分	
	1	2
深证综合指数振幅	0.749	0.508
上证综合指数振幅	0.462	0.799
房屋销售价格指数	0.757	−0.556
纳斯达克指数	0.833	−0.374
恒生指数	0.933	−0.018

（四）各主成分得分和综合得分

根据计算得到的主成分得分矩阵可以计算每个主成分得分，再根据每个主成分的贡献率，计算每个月的综合得分。

$$F_1=0.44 \times X_1+0.27 \times X_2+0.44 \times X_3+0.49X_4+0.55X_5 \qquad （7-5）$$

$$F_2=0.44 \times X_1+0.69 \times X_2-0.48 \times X_3-0.32X_4-0.02X_2 \qquad （7-6）$$

资产价格渠道的综合得分 $F=0.58 \times F_1+0.27 \times F_2$，综合得分结果如图 7-4 所示。

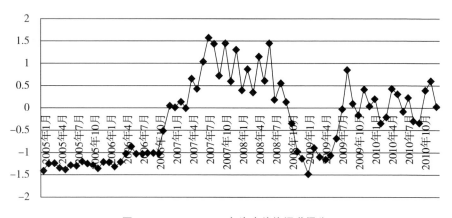

图 7-4　2005—2010 年资产价格渠道得分

从图 7-4 可以看出，在 2005—2006 年我国资产价格市场低迷了将近两年的时间，但从 2007 年开始我国资产价格市场指数虽略有波动，但基本上呈现平稳上升趋势，在金融危机爆发将近一年后，我国资产价格市场受到冲击，从 2008 年 6 月开始，资产价格市场指标出现急速下滑，到 2009 年年初跌至最低点，随后这种下滑趋势有所缓解，2009 年 2 月开始有所回升，虽然其间还有所波动，整体形势明显好于危机爆发时的状态，但直到 2010 年年底还未恢复到危机爆发之前的状态。可见我国经济的确通过资产价格渠道受到了美国金融危机的影响，但这种影响在滞后大约一年左右才显现出来，并在持续一段时间后得到缓解。

第四节　金融危机预警指数的综合评价

笔者通过层次分析法来构造判断矩阵并计算每个路径的权重，进而编制金融危机扩散影响的预警指数，利用综合得分来说明金融危机背景下我国的经济状况。

一、预警指数综合得分计算

（一）各扩散渠道权重的计算

1.各扩散渠道相对重要性打分

对各扩散路径重要性程度按 1—9 标度赋值，结果如表 7-14 所示。

表 7-14　各扩散路径相对重要性评判

A	对外贸易渠道	汇率市场渠道	心理预期渠道	资产价格渠道
对外贸易渠道	1	2	1	1/2
汇率市场渠道	1/2	1	1/2	1/3

A	对外贸易渠道	汇率市场渠道	心理预期渠道	资产价格渠道
心理预期渠道	1	2	1	1/2
资产价格渠道	2	3	2	1

$$建立判断矩阵 A = \begin{bmatrix} 1 & 2 & 1 & 1/2 \\ 1/2 & 1 & 1/2 & 1/3 \\ 1 & 2 & 1 & 1/2 \\ 2 & 3 & 2 & 1 \end{bmatrix}$$

根据判断矩阵求最大特征根并进行一致性检验。

2. 将判断矩阵每一列归一化然后按行相加，结果为（0.909，0.490，0.909，1.693）^{T}，将上面的向量归一化，得到列规范化向量为：（0.227，0.122，0.227，0.423）^{T}

3. 计算判断矩阵最大特征值 $\lambda_{\max}$

$$AW = \begin{bmatrix} 1 & 2 & 1 & 1/2 \\ 1/2 & 1 & 1/2 & 1/3 \\ 1 & 2 & 1 & 1/2 \\ 2 & 3 & 2 & 1 \end{bmatrix} \times \begin{bmatrix} 0.227 \\ 0.122 \\ 0.227 \\ 0.423 \end{bmatrix} = \begin{bmatrix} 0.911 \\ 0.489 \\ 0.911 \\ 1.699 \end{bmatrix}$$

$$\lambda_{\max} = \frac{1}{4}\left(\frac{0.911}{0.227} + \frac{0.489}{0.122} + \frac{0.911}{0.227} + \frac{1.699}{0.423} \right) = 4.007$$

4. 一致性检验

$$CI = \frac{\lambda_{\max} - n}{n-1} = \frac{4.007-4}{4-1} = 0.003$$

$$CR = \frac{0.003}{0.9} = 0.03$$

因为 $CR<0.1$，所以判断矩阵具有满意的一致性。

（二）金融危机预警指数综合得分的计算

综合得分：$M_{ij} = \sum_{k=1}^{4} M_{ij}^{k} \times W_k$

其中，M_{ij} 是第 i 年 j 月综合得分，M_{ij}^k 是第 k 个分指标每个月的得分，W_k 为各准则层权重。结果如图 7-5 所示。

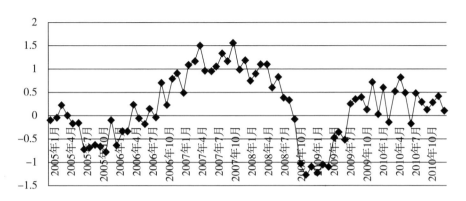

图 7-5　2005—2010 年金融危机预警指数综合得分

二、预警指数综合得分结论分析

从图 7-6 显示的结果可以分析得出：

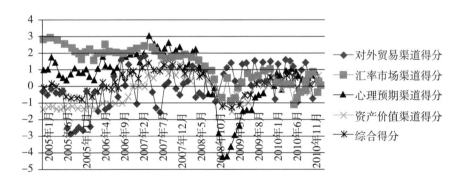

图 7-6　2005—2010 年各渠道得分及综合得分

第一，各个扩散路径得分和综合得分具有极其相似的变化趋势，折线图所反映出的波动较一致，虽然每个路径的指标在危机爆发前数值大小有所差别、受危机影响的敏感程度和反应的滞后期以及波动程度都存在一定的差别，但基本上均在 2007 年到 2009 年经历了一次大幅的数值波动，都从较高的点跌到了近几年间的谷底，综合得分的这种变化和美国次贷危机给全球经济所带来的影响在时间和变动趋势方面都保持了一致。

2007 年以前，我国经济表现出比较平稳的发展态势，有些指标还处于上升的区间，这种趋势到 2007 年美国次贷危机爆发时也没有立即表现出来；到 2008 年危机已经不仅仅将影响局限在美国本土，而是蔓延为一场全球性的金融危机，此时其对我国经济的影响才显露出来，这是因为危机从美国扩散到我国存在一定的时滞。预警指数的综合得分在 2007 年年底以前整体呈上升趋势，在 10 月时达到最大值 1.56，随后开始呈现下降趋势，但下降速度相对比较平缓，到 2008 年 4 月之前还一度出现过回升的趋势，但这种情况马上被急速的下跌所取代，到 2008 年 7 月综合得分已由正值转为负值，尤其是在 2008 年年底出现近些年以来最大的负值 −1.28，这表明此次金融危机全面在我国蔓延开来。

从 2009 年年初情况开始有所好转，综合得分开始出现回升的趋势，到 2009 年 7 月综合得分已由负值变为了正值，随后保持平稳发展的态势，这说明我国正逐渐从金融危机的影响下走出来，但直到 2010 年年底，整体情况也没有恢复到危机爆发前的状态。

综上，金融危机预警指数综合得分不论在影响程度还是在影响的滞后期方面都很好地描述了我国经济受此次金融危机扩散影响的情况。

第二，此次金融危机受冲击后表现最为明显的是心理预期渠道。20 世纪 90 年代以来，随着我国经济的快速发展，我国人民对经济发展情况一直持有积极乐观的心态，从图 7-6 中可以看到，心理预期渠道得分在 2005 年到 2008 年一直维持在较高的区间波动且伴有稳步上升的态势。美国次贷危机的爆发对我国虚拟经济和实体经济都造成了很大程度的破坏，表现为证券和股票市场大幅下跌，许多财富一夜间化为乌有；外国进口需求下降，大批依赖出口订单的中国企业纷纷倒闭，以及由此引起的失业率上升等现象同时导致了投资者和消费者的心理恐慌及悲观的心理预期，无论是投资还是消费都变得格外谨慎。从图7-6中可以看到，2008年4月开始，心理预期渠道得分开始急速下降，到2008年年底跌到最低点 -4.21，但从2009年年初开始这种趋势有所缓和，到10月，得分已经变为正值，随后一直没有较大的波动，但情形远远不如危机爆发前的状态；金融危机给人们造成的恐慌心理远远没有消失，通过心理预期渠道继续作用于我国经济。

第三，受危机影响较大的是汇率市场。2005年我国实行汇率制度改革以来，人民币汇率一直保持良好的态势，因此2005年至2008年年初，我国汇率市场一直保持平稳发展的态势。危机爆发后，欧美等国家经济的衰退促使了外币的贬值、本币的升值，人民币实际有效汇率指数一直保持上升，这种变化给我国的出口行业造成了严重的损失，从4月开始汇率市场渠道得分出现明显的下滑，到2009年年初跌至最低点 -0.85，为了挽救我国经济的这种局面，我国政府选择让人民币贬值；到2009年年中这种趋势有所缓解，但几个月之后又有所下降，直到2010年年底金融危机对汇率市场的影响也没有完全消失。

第四，此次金融危机也给我国资本市场带来了极大的冲击，使我国证券和股票市场暴跌。2005年5月我国开始进行股权分置改革，到2007年年底股改基本完成。改革给股市注入了新的活力，股市呈现出转折性的变化，得分一路上升。从图7-6中可以看出，2007年以前我国资产价格渠道得分均较低，2007 年开始，得分一路飙升到正值较高的区间。美国次贷危机爆发后，美国资本市场严重受挫，股市暴跌，资产价格国际间的联系最为密切，这无疑会对中国的股票证券市场造成影响，我国资产价格渠道得分开始出现下降趋势，从 2008 年 6 月开始暴跌，到 2009 年年初跌至最低点 -1.5，且得分在负值区间维持了大约半年，从 2009 年 7 月开始得分回到正值区间并不断波动，但到 2010 年年底还未完全恢复到危机爆发以前的状态。

第五，对外贸易渠道的情况相比于其他路径而言具有一定的特殊性。美国次贷危机从 2006 年便开始显露，直到 2007 年爆发，本书选取的其他几个渠道的指标都或长或短地存在一定的滞后期，而对外贸易渠道指标在危机显露初期便受到了影响。从图 7-6 中可以观察到，2006 年 8 月以前，我国对外贸易得分一直保持快速上升的趋势，到 8 月达到最高值 1.85；随后开始快速下跌，一直跌到负值区间，到 2009 年年初才重新回到正值区间，这两年虽然有过两次回升，但都极其短暂，对于挽救下跌的趋势没有起到实质性的作用。从 2009 年第一季度开始，我国对外贸易市场出现了回暖的迹象，并一路保持小幅度波动上升的趋势，劲头十足，到 2010 年年底，我国对外贸易市场已经完全从金融危机的影响下走了出来，并超越了危机前所达到的水平。对外贸易市场的这种变化很好地体现了此次金融危机对我国经济的影响过程，危机期间得分值波动剧烈，危机过后，经过一段时间的恢复调整逐渐走出危机时期的阴影，并得到了进一步良好的发展。

第五节　金融危机扩散影响的预警指数临界值的确定

一、警戒区间的确定

对于本书金融危机扩散影响的预警指数警戒区间，笔者采用3σ法。根据3σ法确定其阈值。根据3σ法的基本原理并针对得到的预警指数的具体情况进行调整，将指标的均值μ作为指标波动的中间值，[μ+2σ，+∞）作为安全运行区间，即蓝灯区；[μ+σ，μ+2σ）作为正常运行区间，即绿灯区；[μ-σ，μ+σ）作为低危运行区间，即黄灯区；[μ-2σ，μ-σ）作为中危运行区间，即橙灯区；（-∞，μ-2σ）作为高危运行区间，即红灯区。具体划分见表7-15。

表7-15　预警区间的划分

预警状态	红灯区	橙灯区	黄灯区	绿灯区	蓝灯区
区间	$-\infty$，$\mu-2\sigma$	$\mu-2\sigma$，$\mu-\sigma$	$\mu-\sigma$，$\mu+\sigma$	$\mu+\sigma$，$\mu+2\sigma$	$\mu+2\sigma$，$+\infty$

二、我国2005—2010年经济运行情况监测

根据综合得分序列得到μ=0.192675，σ=0.69867，根据预警区间的划分，相应的预警区间如表7-16所示。

表7-16　预警区间

预警状态	高危区红灯区	中危区橙灯区	低危区黄灯区	正常区绿灯区	安全区蓝灯区
区间	（$-\infty$，-1.205）	[-1.205，-0.506）	[-0.506，0.891）	[0.891，1.59）	[1.59，$+\infty$）

根据表7-16预警区间的划分，数据标准化后，可以得到总指标在2005—2010年的监测情况，结果如表7-17所示。

表 7-17 总指标的五灯区分析结果

时间	金融危机预警指数综合得分	预警状态
2005 年 1 月	−0.1119	低危
2005 年 2 月	−0.05981	低危
2005 年 3 月	0.20557	低危
2005 年 4 月	0.001669	低危
2005 年 5 月	−0.1831	低危
2005 年 6 月	−0.1671	低危
2005 年 7 月	−0.72445	中危
2005 年 8 月	−0.69866	中危
2005 年 9 月	−0.62543	中危
2005 年 10 月	−0.66016	中危
2005 年 11 月	−0.78082	中危
2005 年 12 月	−0.10522	低危
2006 年 1 月	−0.65804	中危
2006 年 2 月	−0.3424	低危
2006 年 3 月	−0.34656	低危
2006 年 4 月	0.226309	低危
2006 年 5 月	−0.0755	低危
2006 年 6 月	−0.18815	低危
2006 年 7 月	0.136403	低危
2006 年 8 月	−0.05377	低危
2006 年 9 月	0.690473	低危
2006 年 10 月	0.22837	低危
2006 年 11 月	0.781879	低危
2006 年 12 月	0.884453	低危
2007 年 1 月	0.488403	低危
2007 年 2 月	1.081359	正常
2007 年 3 月	1.151422	正常
2007 年 4 月	1.485	正常
2007 年 5 月	0.953878	正常
2007 年 6 月	0.9422	正常

时间	金融危机预警指数综合得分	预警状态
2007 年 7 月	1.038936	正常
2007 年 8 月	1.32185	正常
2007 年 9 月	1.154124	正常
2007 年 10 月	1.556585	正常
2007 年 11 月	0.984783	正常
2007 年 12 月	1.174438	正常
2008 年 1 月	0.735326	低危
2008 年 2 月	0.894795	正常
2008 年 3 月	1.091359	正常
2008 年 4 月	1.09736	正常
2008 年 5 月	0.605523	低危
2008 年 6 月	0.806092	低危
2008 年 7 月	0.375343	低危
2008 年 8 月	0.324015	低危
2008 年 9 月	−0.07732	低危
2008 年 10 月	−1.03989	中危
2008 年 11 月	−1.28355	高危
2008 年 12 月	−1.1021	中危
2009 年 1 月	−1.23681	高危
2009 年 2 月	−1.05735	中危
2009 年 3 月	−1.0971	中危
2009 年 4 月	−0.48923	低危
2009 年 5 月	−0.3657	低危
2009 年 6 月	−0.52717	中危
2009 年 7 月	0.241589	低危
2009 年 8 月	0.352954	低危
2009 年 9 月	0.390163	低危
2009 年 10 月	0.12294	低危
2009 年 11 月	0.699385	低危
2009 年 12 月	0.024547	低危

时间	金融危机预警指数综合得分	预警状态
2010 年 1 月	0.578773	低危
2010 年 2 月	−0.15709	低危
2010 年 3 月	0.495672	低危
2010 年 4 月	0.806602	低危
2010 年 5 月	0.483294	低危
2010 年 6 月	−0.17099	低危
2010 年 7 月	0.472965	低危
2010 年 8 月	0.274466	低危
2010 年 9 月	0.109276	低危
2010 年 10 月	0.272142	低危
2010 年 11 月	0.414339	低危
2010 年 12 月	0.100988	低危

从表 7-17 可以看出，从 2005 年至 2008 年年初，我国经济处在一个上升区间，影响我国经济运行相关因素的作用在逐渐减弱，尤其是金融危机爆发前一年，我国经济发展势头良好。从 2008 年 4 月开始，我国经济综合指数得分便出现急速下滑，从正常区间逐渐跌入高危区间，这说明我国经济发展情况急转直下，这种情况大概维持了一年左右，至 2009 年年中我国经济逐渐从美国金融危机的影响下走了出来，但没有恢复到危机爆发前的状态。

根据五灯区预警系统的结果可以清楚地了解我国各个时期的经济情况，当我国经济发展落入橙灯区甚至是红灯区时，就必须要给予足够的重视，提前做好预防工作，尽量避免或减轻其他地区经济波动对我国经济造成的冲击。总之，做好金融危机的预警工作，增强我国经济应对各种危机的能力，才能促进我国经济快速稳定的发展。

第六节 对我国目前经济现状的分析

根据前文对金融危机扩散路径的分析，笔者得到了一个适应于我国经济状况的金融危机预警模型，研究金融危机的扩散路径是为了对金融危机爆发前的特征有一定的了解以便及时进行预警，并在爆发以后及时采取补救措施来降低对经济发展造成的影响。

鉴于数据方面的限制，本书采用2011—2017年汇率市场渠道、心理预期渠道和资产价格渠道的月度数据对我国近几年来的经济情况进行分析，观察金融危机过去以后我国经济的恢复情况以及短期内再次发生大幅度经济波动的可能性。

一、各分渠道走势

（一）汇率市场渠道

据公式（7-4）和汇率市场渠道综合评价可求其得分：$F_1=-0.54 \times X_1+0.52 \times X_2+0.5 \times X_3+0.44 \times X_4$，结果如图7-7所示。

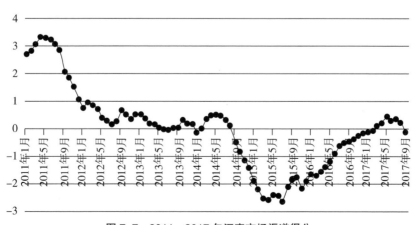

图7-7 2011—2017年汇率市场渠道得分

从图 7-7 可以观察到，从 2011 年年初开始到 2011 年中期有短暂上升，此后到 2012 年年初汇率市场延续了 2010 年缓慢的下降趋势，之后直到 2014 年中期一直保持稳定发展趋势，随后从 2014 年 9 月开始，得分又下降到负值区域，直到 2015 年 7 月得分达到最低点，这与我国迫于欧美国家的压力而使人民币升值存在着直接的联系，此后我国开始积极采取措施，调整汇率，得分又开始上升，直到 2017 年年初得分开始恢复到正值，反映了这几年我国汇率市场的情况。

（二）心理预期渠道

由心理预期综合评价可求其得分：$F_1=0.56 \times X_1+0.52 \times X_2+0.55 \times X_3$，结果如图 7-8 所示。

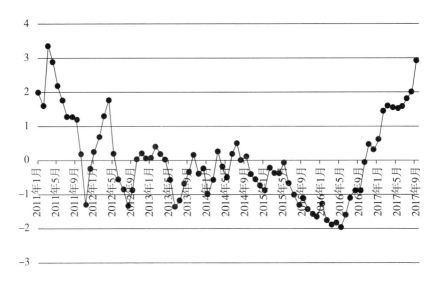

图 7-8　2011—2017 年心理预期渠道得分

从图 7-8 可以看出，我国正在慢慢从金融危机的阴影中脱离出来，2011 年开始存在较大幅度的波动，但这种波动随着时间的推移越来越小，并逐渐趋于平稳；直到 2016 年年中达到最低，可以看出美国金融危机的确通过心理预期渠道对我国经济产生了影响。但此后我国开始积极调整经济政策，使人们对未来经济前景重拾信心，心理预期得分开始上升，基本恢复到金融危机爆发前的情况，这与我国实际情况也是基本一致的。

（三）资产价格渠道

根据公式（7-5）、公式（7-6）和 $F=0.58 \times F_1 + 0.27 \times F_2$，结果如图7-9所示。

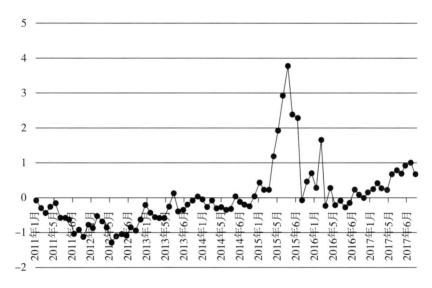

图 7-9　2011—2017 年资产价格渠道得分

从图7-9可以观察到，从2011年开始，资产价格市场就一直保持平稳发展的态势，但一直处于比较低迷的状态，直到2014年年底、2015年年初出现了回升趋势，并且劲头强劲，得分一路飙升到3.76，随后又出现了下降的趋势，虽然一度有所反弹，但下降的趋势并没有得到遏制，得分出现一路下滑；到2015年年底又降到了回暖之前的局面。此后国家开始积极采取措施，一直放出利好消息并出台救市的种种政策，终于使得分开始缓慢上升，从 2016 年以后这种情况有了积极的改变，出现了回暖上升的趋势。资产价格渠道得分的这种状态很好地诠释了近年来我国证券股票市场的情况，从美国次贷危机爆发受到冲击之后，虽然慢慢走出阴影，但一直低迷，直到 2015 年这种情况才有了很大的改变，虽然好景不长，一度出现下降和反弹趋势，但是国家出台的一些积极政策开始逐渐有了成效。

（四）综合得分

根据本章前面的分析可得：

1. 准则层对目标层矩阵的构造

表 7-18　各扩散路径相对重要性评判

A	汇率市场渠道	心理预期渠道	资产价格渠道
汇率市场渠道	1	1/2	1/3
心理预期渠道	2	1	1/2
资产价格渠道	3	2	1

相对重要性评判通过专家打分法决定，从而建立了判断矩阵：

$$A=\begin{pmatrix} 1 & 1/2 & 1/3 \\ 2 & 1 & 1/2 \\ 3 & 2 & 1 \end{pmatrix}$$

2. 权向量的计算

将判断矩阵每一列归一化，然后将归一化后的矩阵每一列按行求平均值，即为权向量：$w=(\ 0.164,\ 0.297,\ 0.539\ )^{T}$。

3. 计算判断矩阵最大特征根 λ_{max}

$$Aw=\begin{pmatrix} 1 & 1/2 & 1/3 \\ 2 & 1 & 1/2 \\ 3 & 2 & 1 \end{pmatrix} \times \begin{pmatrix} 0.164 \\ 0.297 \\ 0.539 \end{pmatrix} = \begin{pmatrix} 0.492 \\ 0.895 \\ 1.626 \end{pmatrix}$$

$$\lambda_{max} = \frac{1}{3}\left(\frac{0.492}{0.164} + \frac{0.895}{0.297} + \frac{1.626}{0.539}\right) = 3.009$$

4. 一致性检验

$$CI = \frac{\lambda_{max} - n}{n-1} = \frac{3.009 - 3}{2} = 0.0046$$

$$CR = \frac{CI}{RI} = \frac{0.0046}{0.58} = 0.0079$$

因为 $CR < 0.1$，所以判断矩阵具有满意的一致性。

5. 金融危机预警指数综合得分

综合得分：$M_{ij} = \sum_{k=1}^{3} M_{ij}^k \times W_k$

其中，M_{ij} 是第 i 年 j 月综合得分，M_{ij}^k 是第 k 个分指标每个月的得分，W_k 为各准则层权重。

结果如图 7-10 所示。

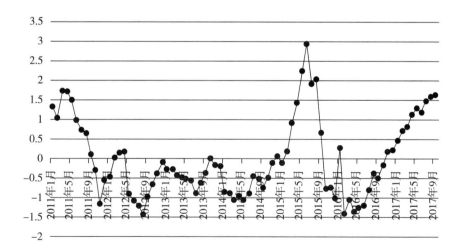

图 7-10　2011—2017 年综合得分

从图 7-10 可以看到，危机过后我国经济逐渐从金融危机的阴影下走了出来，2011—2014 年，经济形势的波动越来越小，并且保持着相对的稳定，2015 年由于证券和股市的回暖又出现了明显的上升趋势；直到 2015 年年中到达最高值，但是随后又出现了下降趋势。虽然一度有所反弹，但下降的趋势并没有得到遏制，得分出现一路下滑；直到 2016 年年初降到最低点；此后国家开始积极采取措施，从 2016 年 9 月以后有了很大改善，得分一路缓慢上升。综合得分的这种变化趋势和我国经济发展的情况基本是吻合的，说明前文分析得到的金融危机预警模型能很好地反映我国经济的发展状况。

二、对我国经济现状的五灯区预警分析

根据综合得分序列得到 $\mu=0.042218826$，$\sigma=0.704393968$，根据预警区间的划分，相应的预警区间如表 7–19 所示。

表 7–19　预警区间

预警状态	高危区红灯区	中危区橙灯区	低危区黄灯区	正常区绿灯区	安全区蓝灯区
区间	$(-\infty, -1.337)$	$[-1.337, -0.662)$	$[-0.662, 0.747)$	$[0.747, 1.451)$	$[1.451, +\infty)$

根据表 7–19 预警区间的划分，数据标准化后，可以得到总指标在 2011—2017 年的监测情况，结果如表 7–20 所示。

表 7–20　总指标 2011—2017 年的五灯区分析结果

时间	金融危机预警指数综合得分	预警状态
2011 年 1 月	1.3171	正常
2011 年 2 月	1.0266	正常
2011 年 3 月	1.7145	安全
2011 年 4 月	1.7016	安全
2011 年 5 月	1.4828	安全
2011 年 6 月	0.9755	正常

时间	金融危机预警指数综合得分	预警状态
2011 年 7 月	0.7249	低危
2011 年 8 月	0.6422	低危
2011 年 9 月	0.0933	低危
2011 年 10 月	−0.3035	低危
2011 年 11 月	−1.1584	中危
2011 年 12 月	−0.5600	低危
2012 年 1 月	−0.4860	低危
2012 年 2 月	0.0085	低危
2012 年 3 月	0.1225	低危
2012 年 4 月	0.1599	低危
2012 年 5 月	−0.9066	中危
2012 年 6 月	−1.0917	中危
2012 年 7 月	−1.2126	中危
2012 年 8 月	−1.4264	高危
2012 年 9 月	−0.9804	中危
2012 年 10 月	−0.6762	中危
2012 年 11 月	−0.4024	低危
2012 年 12 月	−0.1080	低危
2013 年 1 月	−0.2697	低危
2013 年 2 月	−0.2701	低危
2013 年 3 月	−0.4188	低危
2013 年 4 月	−0.4927	低危
2013 年 5 月	−0.5252	低危
2013 年 6 月	−0.5720	低危
2013 年 7 月	−0.9076	中危
2013 年 8 月	−0.6388	低危
2013 年 9 月	−0.3783	低危
2013 年 10 月	−0.0044	低危
2013 年 11 月	−0.1820	低危
2013 年 12 月	−0.1976	低危
2014 年 1 月	−0.8710	中危

时间	金融危机预警指数综合得分	预警状态
2014 年 2 月	−0.8978	中危
2014 年 3 月	−1.0558	中危
2014 年 4 月	−0.9608	中危
2014 年 5 月	−1.0676	中危
2014 年 6 月	−0.9021	中危
2014 年 7 月	−0.4506	低危
2014 年 8 月	−0.5201	低危
2014 年 9 月	−0.7485	中危
2014 年 10 月	−0.4945	低危
2014 年 11 月	−0.1159	低危
2014 年 12 月	0.0475	低危
2015 年 1 月	−0.113	低危
2015 年 2 月	0.1835	低危
2015 年 3 月	0.9143	正常
2015 年 4 月	1.4258	正常
2015 年 5 月	2.2366	安全
2015 年 6 月	2.9026	安全
2015 年 7 月	1.8857	安全
2015 年 8 月	2.0301	安全
2015 年 9 月	0.6585	低危
2015 年 10 月	−0.7620	中危
2015 年 11 月	−0.7355	中危
2015 年 12 月	−1.0199	中危
2016 年 1 月	0.2453	低危
2016 年 2 月	−1.4089	高危
2016 年 3 月	−1.0493	中危
2016 年 4 月	−1.3556	中危
2016 年 5 月	−1.2569	中危
2016 年 6 月	−1.1900	中危
2016 年 7 月	−0.8120	中危
2016 年 8 月	−0.4025	低危

续表

时间	金融危机预警指数综合得分	预警状态
2016 年 9 月	−0.5021	低危
2016 年 10 月	−0.2005	低危
2016 年 11 月	0.1727	低危
2016 年 12 月	0.1909	低危
2017 年 1 月	0.4467	低危
2017 年 2 月	0.7063	低危
2017 年 3 月	0.7906	正常
2017 年 4 月	1.1289	正常
2017 年 5 月	1.2598	正常
2017 年 6 月	1.1874	正常
2017 年 7 月	1.4711	安全
2017 年 8 月	1.5754	安全
2017 年 9 月	1.6326	安全

　　从表 7-20 可以看到，近五年来我国经济正逐渐从美国金融危机的阴影下走出来，虽然 2011—2013 年还重复出现过经济波动的现象，但从 2013 年开始，经济形势的波动越来越小，我国经济从中危区逐渐进入低危区，并且保持着相对地稳定。2015 年由于证券和股市的回暖又出现了明显上升的趋势，从表 7-20 中对应的预警区间可以看到，2015 年上半年我国经济一度处于安全区，经济发展态势良好。随后到 2015 年年底，因为我国资产价格市场的下跌又恢复了年初的状态，但经济形势仍处于中低危区间，直到 2016 年年初降到最低点。随着国家采取积极措施以及利好消息的出台，经济形势逐步转好，呈现出回暖上升趋势。从表 7-20 中对应的预警区间可以看到，2017 年下半年开始处于安全区。表中这种变化趋势和我国经济发展的情况基本是吻合的，说明前文分析得到的金融危机预警模型能很好地模拟我国经济的发展状况。

第八章　我国应对国际金融危机扩散的政策分析

第一节　我国应对国际金融危机扩散的政策工具与政策空间

一、建立防范国际金融危机对我国扩散的预警体系

本书在充分考虑金融危机扩散预警体系指标的现实意义以及数据的时效性、可得性问题后，从四种扩散渠道选取了 19 个受金融危机影响且具有一定显著性的指标，共同构建了金融危机预警指数，建立防范国际金融危机的预警体系。

国际性的金融危机在大规模爆发之前往往有一个发酵、酝酿的过程；在这个过程中经济运行会显露出各种不正常迹象。对这类不正常现象进行总结归纳，建立预警模型及预警指标体系，对酝酿中的金融危机进行预警，从而可以及时采取各种防御性措施。

本书对我国金融危机扩散预警总指数的五灯显示系统的测算、监测表明，当我国金融危机扩散预警进入橙灯区甚至是红灯区时，必须要引起足够的重视，针对国际金融危机和世界经济形势的新动向，提前做好预防工作，从而避免或减轻我国受国际金融危机以及世界经济

形势变动的影响。此外，对于我国金融危机扩散预警进入浅蓝灯区或是蓝灯区，也要关注国际金融危机扩散各分级指标预警指标的变化，分析其警兆程度。总之，建立并利用好我国防范金融危机扩散的预警体系，才能进一步增强我国防范金融危机扩散应对各种危机的能力，使我国宏观经济和对外经济交往平稳正常的发展。

二、稳定我国的资本市场

资产价格的传导路径实际是金融危机扩散的主要路径，是金融危机扩散导致的国家间净资产或者资本流动异常变化的主要原因。

第一，美国金融危机源起次贷危机，但次贷危机的发生使得各金融机构衍生的金融产品，通过保险、基金、股票等金融工具将次贷危机传染到全球。因此，我国应该加强对金融创新产品的监管力度，减弱金融机构利用政策和监管漏洞获利的能力，防止金融市场的过热发展。同时，要加强金融产品的透明度，在推广新的衍生品时要向投资者明确说明新产品的风险。出台一些有利于资本市场健康发展的政策，使投资者信心得到恢复。中央银行实施货币政策时，应该适当地考虑将资产价格纳入监测对象，资产价格会通过财富效应或其他的渠道最终影响到我国的需求供给，这会对我国的通货膨胀产生影响。

而当我国运用宽松的货币政策、扩张的财政政策刺激经济增长，货币供应超出经济增长正常需求时，会造成资产价格过快上涨，资产价格过快上涨在会计上记为收益，向市场上传递了资产价格总是上涨的乐观经济信息。这必然会促使银行信贷、货币供应，财政政策等货币供应流入诸如房地产市场、稀缺资源性的资产市场，导致了更严重的信贷资金等社会资源错配。在宏观经济运行中，首先表现为货币资产形态与实务资产形态之间平均收益差距非正常拉大的现象；诱导社会资本大规模流入虚拟经济，引发虚拟经济、流通领域的炒作、对赌经济现象，并且获得了更多的泡沫收益。结果导致实体经济空心化，产业、收入等经济结构失衡，宏观经济运行风险加大，助推了国际金融危机的扩散效应。

第二，强化与国际金融组织的合作，当危机发生时，为了防止风险的传导，国际金融组织会采取措施首先保护和支持成员国的利益。同时，为抑制资产价格泡沫的发生，可以通过财税政策增加交易的成本，从而抑制投机性交易。改善投资者结构，优化机构投资者的行为和投资理念，增强长期投资行为，更好地稳定资本市场。

第三，股价市值占 GDP 的比重也是衡量我国股票市场发展的一个重要指标，因此我国应该设置一个合理的上限，超过就为泡沫；通过这个上限的阈值对我国的资本市场发展起到警示、控制作用。

三、运用汇率工具缓解金融危机扩散的影响

我国一直认为汇率是调整对外贸易的重要工具。因为汇率调整可以直接改变商品的价格，起到价格杠杆作用，是各国调整对外贸易的重要手段。汇率不仅影响一国的贸易，还会对一国的利率、物价水平、就业和经济增长率等产生影响。在金融危机中，很多国家是通过降低汇率来渡过难关的。在资本项目的开放、汇率制度改革等问题上，应当根据金融危机扩散预警指数的变动趋势，选择合适的时机和进度，完善汇率改革的配套措施。

我国现行的汇率制度具有容易引发单向投机、导致汇率扭曲和难以保持货币政策的独立性、制约利率的发展等缺点，因此我国要抓紧

汇率改革。在汇率改革的过程中，要继续完善以市场供求为基础，减少政府干预的措施。进一步发挥市场供求在人民币汇率形成中的基础性作用，增强人民币汇率弹性。目前人民币汇率还不适合完全自由浮动，但人民币汇率形成机制改革要继续深化和推进，进一步健全有管理的浮动汇率制度，逐步扩大汇率波动幅度，以增强汇率对国际收支不平衡的调节能力，并根据金融危机扩散预警的变动趋势，发挥汇率作为金融危机缓冲器的作用。

由于我国特殊的经济增长模式，当前和今后一定时期内，经济增长和就业稳定在一定程度上依赖于出口的稳定增长。虽然内需的重要性多次被强调，也陆续出台了很多旨在扩大内需的政策，但当前中国经济固有的出口拉动型增长模型不会在短期内有根本性改变，从前面的实证模型分析可以看出，由于我国出口总额与人民币汇率的高度相关性，因此保持人民币汇率的稳定对于稳定中国经济增长至关重要。由于我国长期推行的投资拉动出口导向的经济发展战略，中国经济已经成为世界经济体系中贸易增长最快、对外贸易依存度最高以及贸易顺差最大的国家之一。目前我国已经积累了巨额的贸易顺差和外汇储备，并且自 2000 年起成为对美国贸易最大的顺差国。由于美国政府不断推行弱势美元政策，以便对冲其不断上升的巨额贸易逆差，同时开始不断向中国政府施压，要求人民币升值。由于人民币还不是可以自由兑换的货币，我国出口主要以美元等外币计价。因此，人民币对外币的升值要么体现为出口商品交易价格的上升，致使我国出口商品价格优势的丧失，要么体现为导致出口商降低出口价格来维持产品竞争力，其后果是企业获利空间减少，企业生存压力加大。

因此，我国应尽最大努力保持人民币汇率的基本稳定，以避免压缩企业生存空间。特别是要避免 1990 年日本被美国"挟持"日元升值从而导致日本资产价格泡沫膨胀，并最终在资产泡沫破灭后陷入长期衰退的结果。即使在人民币面临升值压力不断加大的情况下，在没有完整的配套措施保障企业获利空间的情况下，中国当前也应确立有利于经济稳定增长的人民币汇率政策。

四、建立支持保护服务贸易的政策法律体系

具有联系的两个事物的发展过程是前者带动后者发展，最终二者协调互动发展。服务贸易正是伴随着货物贸易而发展壮大的，二者的增长速度呈现正相关。从我国目前的发展状况来看，服务贸易仍旧处于逆差，而货物贸易却一直保持着顺差，可见二者之间的发展还很不平衡。因此，找到服务贸易和货物贸易的均衡发展点，促使二者相互促进、协调发展，是我国目前需要考虑的重要问题。任何国家的经济发展都离不开政府政策和法律方面的支持。

发达国家的实践表明，政府发挥推动服务贸易进程的作用是不容忽视的。虽然近几十年我国服务贸易的发展取得了较好的成绩，但相比发达国家而言，我国服务贸易的国际竞争力仍然处于弱势。因此，国家需要从政策上支持、引导服务贸易，从法律上为服务贸易发展保驾护航。

第一，政策上扶持和资助服务产业的相关配套设施建设。从国内外产业发展路径可以看出，强大的配套设施建设是一个有竞争力的产业做大做强的重要保证，服务产业也不例外。加快服务产业的相关配套设施建设，才能增强经济活力，促进服务业的对外贸易，提升服务贸易的国际竞争力。因此，政府从基础设施、人才培养、自主研发、

品牌建设等方面提供全方位、多层次的支持，才能为服务贸易的发展提供健康有序的政策环境。

第二，建立健全相关法律法规。与国际接轨的服务贸易法律体系对于服务贸易的健康发展也是必不可少的。服务贸易法律上的健全，一方面可以使我国服务贸易发展具有法律保护，另一方面是在进行对外谈判和政策协调时，国家法律代表可以更好地维护中国服务贸易主体的合法权益。此外，也要建立服务贸易的法律监管机制，做好服务贸易进出口的监督管理工作。

第二节　我国应对国际金融危机扩散的对策建议

一、以金融危机扩散警兆为依据调整出口贸易政策和出口贸易结构

金融危机的持续影响将带来全球经济减速和全球贸易暂时收缩，出口下滑将不仅是一种经济周期现象，而更可能是一个向下的螺旋下跌，为应对危机所造成的影响，必须以金融危机为契机持续调整进出口政策。

由于次贷危机的持续影响，美国主动或被动地需要对其贸易政策和财政政策进行调整，削减贸易赤字和债务是挽救其自身经济所必需的，而这将带来全球经济减速和全球贸易暂时收缩。这也意味着之前美国转移全球财富的模式不可持续，出口下滑将不仅是一种经济周期现象，而更可能是一个向下的恶性螺旋下跌，为应对危机所造成的冲击，中国必须持续调整进出口结构。

（一）主动调整出口贸易地区结构

从计量模型分析结果看，表明我国对美国、日本、欧盟出口贸易

额的变动幅度显著大于三大经济体 GDP 的变动幅度，也就是说，三大经济体的经济发生波动时，我国的出口贸易将会出现更大的波动，显示出我国出口贸易高度依赖美国、欧盟、日本等几个发达经济体模式已经形成。由于欧盟、美、日等国家的需求不会在短时间内大幅上升，世界经济复苏带有明显不确定性，所以为应对国际金融危机冲击，不能单纯等待外部需求来拉动我国出口额，政府需要出台一系列刺激政策来帮助出口企业开辟新的出口需求，进一步扩大出口企业覆盖范围。在巩固传统市场的同时，积极开拓新兴市场，扩大沿边开放，新兴经济体市场潜力还很大。出口政策应向包括亚洲和拉丁美洲的国家或地区调整。现在我国政府提出"一带一路"倡议，并正在谋求建立东盟和拉美地区的自由贸易区，这是非常正确的调整方向。

（二）主动调整进出口贸易结构

必须主动调整进出口贸易比例结构，逐步减少顺差，适当创造逆差，如对美国进出口来讲，中国可考虑主动将对美国的出口与对美国的进口维护一定平衡状态。按每一季度监控，只要中国对美国的出口超过进口水平，就暂停对美出口，直到美国的进口增长至平衡水平。作为对美最大的贸易盈余国，中国应当迅速削弱对其出口的依赖，进行危机面前的主动调整与保护，以争取尽量减少对国内企业和经济的打击。我国必须寻找新的经济增长方式，从依赖出口推动经济增长转向国内需求驱动经济持续增长。

中国现在要做的就是把美国的购买力部分转化为中国自己的购买力，主动调整生产，转换生产方向，减少以宝贵的资源为代价生产出口商品的做法，逐步调整为生产国内消费品。同时，部分行业产能过剩、银行体系等问题暴露，存在陷入通货紧缩局面。主动降低对美出口的依赖可以帮助中国经济避免出现严重的问题，可以迅速采用的方式主要包括：一是有国内需求的产品，启动国内市场，通过税收优惠和消费直接补贴的方式，实现出口商品转内销；二是进行行业和企业整合，根据行业和企业现实情况，适当进行兼并、重组、转型，关闭不具备竞争力或生产落后的企业，扶持建立行业龙头；三是引导工资结构总体向上调整，使中国丰富的人才资源能得到合理配置，稳步提高国内居民的收入水平，大幅度提高国内的消费能力，并适度提高低端劳动力，尤其是出口导向型产业部门的工人工资，从根本上提高国内整体需求及购买力，切实修正对美贸易顺差。

二、以金融危机扩散警兆为依据推动中西部地区出口贸易发展

通过国际金融危机对出口贸易影响分区域比较发现，不同地区，特别是不同地区不同产业，受金融危机影响大不相同。从东、中、西部出口金融危机影响降幅较大的省市区来看，东部地区出口受影响较大，而中、西部地区出口受影响相对较小。因此，充分发挥地方政府在应对金融危机中的积极性，通过地方政府的积极介入来促进当地出口企业的发展，并进而推动整个国家的经济增长，是应对未来国际金融危机影响的对策之一。

本研究子课题曾通过对河北省出口贸易收入弹性的协整模型分析发现：美国、欧洲、日本的实际收入每上升1%，河北省出口将增加2.16%，这个比率远高于全国平均水平。因此，可以通过特殊刺激政策来推动低出口依存度地区对外贸易发展。如根据这些地区的产业特征和实际情况，从税收等方面减轻企业的负担，增加企业抵御国际金融

危机等外部因素冲击的影响，这些地区较低的出口贸易依存度决定其在提高出口贸易总额方面的巨大潜力。如果中央通过税收等政策扶持这些地区的出口企业，地方政府往往有较高的积极性，政策效果也会更好。

当前我国中央与地方政府相互间的机制及其利益关系处在深刻变化中，地方政府与中央政府相互间的博弈已经成为宏观调控的重要范畴。应该说，随着中国经济进入后金融危机调整期，中央和地方政府对于经济发展的取向已经越来越趋向一致。

三、促进后金融危机时期产业结构的调整与升级

产业发展政策方面，主要是推动产业结构调整与升级。在产业发展政策方面，除了诸如制造业、建筑业等行业的振兴计划之外，现代服务业的发展也被放到了十分重要的位置。以马来西亚为例，2009 年马来西亚政府宣布开放 8 大领域 27 个服务行业，废除上述行业土著必须占 30% 股权的限制，此举意味着马来西亚将迈入新经济发展模式，即从传统制造业转型为"超越制造业"的经济发展模式。

（一）调整需求结构，在保持投资平稳增长和稳定外需的同时，着力增强消费对经济增长的拉动作用

需求结构就是带动经济增长的消费、投资与净出口的比例关系。从我国情况看，调整需求结构关键在于扩大内需，这是我国必须长期坚持的战略方针；而扩大内需关键在于扩大消费，这是我国必须始终牢牢把握的工作着力点。

改革开放以来，我国消费增长一直较快，即使在金融危机冲击下，消费仍保持了较快增长。但统计数字表明，我国消费率偏低且呈下降

趋势。只是在近年来投资率下降的情况下，消费率才逐年有所提高。究其原因，过去不是因为消费增长慢，而是因为投资增长更快。各国经济发展经验表明，消费率高低与其经济模式和工业化、城镇化发展阶段密切相关。我国正处于工业化、城镇化快速发展时期，在这一发展阶段消费率低、投资率高有一定的必然性。这也说明提高消费率需要一个过程，不可能一蹴而就。但从长远发展看，如果消费率上不去，那投资快速扩张形成的产能就难以得到有效释放，供给与总需就会失衡，经济也难以持续稳定较快发展。因此，我国要更好地推进供给侧结构性改革，下更大力气扩大消费，使消费率逐步达到一个合理的水平。

（二）调整收入分配结构，在保持企业和政府收入继续增长的同时，着力提高劳动报酬在初次分配中的比重和缩小收入分配差距

提高消费能力，必须合理调整国民收入分配结构。当前我国收入分配领域面临"宏观"和"微观"两类结构性问题：从宏观角度看，表现为居民收入在国民收入中的比重偏低，劳动报酬在初次分配中的比重偏低，企业所占比重偏大。居民所占比重越小，国民收入中用于消费的比例就相应越小；企业占比较大，国民收入中用于投资的比例相对就大。这正是我国消费率持续降低、投资率持续升高的重要症结所在。从微观角度看，表现为居民内部不同群体收入差距持续扩大。

总之，中国出口贸易在金融危机前年增长率超过 20% 主要有两方面的原因：一是我国在 2001 年成功加入世贸组织，使许多国家原来对我国使用的贸易保护措施突然失效，我国低劳动成本等优势得以充分释放；二是美国及发达经济体的金融泡沫虚增了大量进口需求。随着金融危机的爆发对金融泡沫的挤出及加入 WTO 后井喷效应的衰减，我国出口贸易超常增长已告一段落。即使世界经济完全走出金融危机影

响，中国出口贸易增速也不可能完全回到以前的非正常增长，对此必须有一个清醒的认识。

四、引导中国吸收投资和对外投资的健康发展

（一）外汇储备既是我国吸收投资，又是我国对外投资的一种重要途径

金融危机爆发后，我国的外汇储备增长率和外汇储备对我国 GDP 的贡献与危机前基本持平，说明外汇储备对我国经济的恢复起到很大的作用。然而我国的外汇储备出于遵守安全性原则，多用于投资美国的国有证券，非美元资产在外汇储备总资产中占的比例较小，总体投资结构单一，这会对我国外汇储备功能的发挥以及外汇储备资产的流动性造成影响，因此我国在考虑安全性和流动性的前提下应该拓宽外汇投资渠道、外汇储备的比例等，多增持其他国家的资产。

（二）我国是吸收 FDI 最多的发展中国家，从改革开放以来我国的外商投资额一路攀升

外商投资比热钱的流入更具有稳定性和长期性，不会对我国的经济带来更大的冲击。我国应不断改进和完善投资环境，深化外商投资管理体制改革，推进投资便利化、提高投资透明度，加强对投资者合法权益的保护，使 FDI 成为经济增长的重要动力。要加大资金监管力度、正确引导 FDI 的流入，促进产业升级，使得其更多地流向第一、第三产业，尤其是流入关乎经济发展的服务业和金融保险、交通运输等重点行业，使投资产业趋于合理，加快产业结构升级。

（三）要稳定人民币的汇率

汇率的波动直接影响人民币的购买力。人民币升值使得我国外汇

储备下降，增加了国内的通货膨胀，减少了我国出口的竞争力，加大外国资本进入我国的成本，这会使得外国投资者放弃或者减少对我国的投资。对我国投资的多少会影响中国上市公司的股票，股价的高低又会影响 FDI，因为 FDI 可以通过外国投资者购买当地公司的股权来完成。采取稳定股市的政策，将外国投资者的资产变现能力控制在一定范围内，保持股市活跃交易，吸引跨国并购资金的流入。

五、防范心理预期风险和引导心理预期

（一）加强防范心理预期路径的风险传导

我国要建立合理的经济结构和政府调控能力。美国就是因为过度地促进房地产业的发展，从而导致金融业过度发展，引起了虚拟经济的过热，却忽略了整体经济的发展和人们的心理预期改变。当危机爆发后，实体经济各部门无法抵御如此大的风险，而人们又对经济发展持悲观态度，从而诱发了全球危机。我国亦如此。2008 年全球金融危机前后，我国的房地产业和股票市场也迅猛发展，人们对这两个市场持有很高的预期，从而将大量资金从实体经济撤离，转投到房地产和金融领域，引发了严重的房地产泡沫问题，实体经济的发展受到重创，第三产业的发展也受到严重阻碍。导致我国的出口消费等能力下降，抵御风险能力减弱，最终影响了我国的经济复苏。因此，为避免风险的积累和传导，我国必须调整经济结构，加强政府的调控能力。

（二）对投资风险的不断警示

我国政府一再强调"战胜金融危机，信心比黄金和货币更重要"。心理预期是金融危机扩散影响我国经济发展的重要渠道，同时也是恢

复我国经济的一把钥匙。我国政府可以通过对投资环境风险的不断警示，改变公众对市场运行状态发展的认识，这一点尤其是在资本市场的运行中最为有效。通过对投资风险的警示作用，影响投资者的心理，积极引导人们的预期发展，减轻由市场预期引起的虚拟市场的波动和对实体经济的冲击。

六、调整服务贸易结构与发展方向，促进我国服务与货物贸易的协调发展

（一）调整服务贸易结构

美国针对本次金融危机的贸易战略调整会给全球经济和贸易带来一系列的连锁反应。因此，为更好应对危机冲击及后续影响，中国必须调整服务贸易结构，并把此当作一项长期且持续的工作。

第一，调整服务贸易进出口结构。本书第四章研究结论显示，我国服务贸易进出口结构进一步失衡，贸易逆差不断扩大。就贸易结构而言，顺差过大或逆差过大都是不利于经济发展的。逆差大表明我国服务贸易出口的竞争力弱，也从侧面反映了我国服务产业的不发达。因此，为调整服务贸易进出口结构，很有必要通过一系列政策促进服务产业的发展升级。

第二，调整服务贸易出口对象结构。本书第四章研究结论显示，中国对美国、欧盟的服务贸易出口受到一定的负面影响。这表明我国的服务贸易出口对它们具有较强的依赖性。而美国、欧盟经济复苏是需要时间的。因此，应对金融危机的冲击，我国政府有必要出台一系列政策，帮助服务贸易出口企业开辟新的贸易市场，如亚洲（除中国香港、日本外）、拉美地区等。

（二）调整服务贸易行业发展方向

本书第三章的研究结论表明，我国传统服务贸易行业受到金融危机扩散的严重冲击，新兴服务贸易行业遭受的冲击程度相对较小，但仍有进一步提升发展的空间。

1. 促进传统服务贸易行业的优化升级

一方面，要转变物流的粗放格局。目前，我国物流企业的数量多、规模小、分布广、联系少和服务水平低的特点阻碍了我国物流企业的进一步发展。国家可以通过促进小型物流企业的合并重组、推进行业内物流企业交流与合作、引进国外物流企业的先进管理经验和技术等方式打破我国物流企业的粗放增长模式。另一方面，要建立现代旅游业。要想吸引外国游客来华旅游，就必须建立与国际接轨的现代旅游业。只有形成具有中国特色的旅游路线和建立良好的旅游服务设施，才能吸引更多的外国游客来华旅游，才能树立中国特色旅游品牌形象，从而使我国旅游业走向国际化的发展道路。

2. 大力发展高附加值的新兴服务贸易行业

过去，世界服务贸易结构属于劳动密集型，而随着技术的进步，逐渐向知识技术方面转型，高附加值的新兴服务贸易行业已经成为各国发展的重点和未来的发展方向。对于我国来说，为提高我国的服务贸易国际竞争力，就更要大力发展高附加值的新兴服务贸易行业。一方面，要加大对新兴服务贸易行业的科研投入和人力资本投入，从而提高服务产品的科技含量，增强出口能力；另一方面，要积极引进国外先进的管理和技术经验，通过行业间的学习与合作，逐步形成新兴服务贸易行业的特色发展道路。此外，要积极探索高附加值的新兴服务贸易行业的区域产业集群道路，通过发挥产业集群的辐射能力，带动整个行业的发展。

3. 挖掘货物贸易中蕴含的服务贸易机会

无论是运输服务、旅游等传统服务贸易，还是保险服务、金融服务、计算机和信息服务、咨询等新兴服务贸易，都与货物贸易密不可分。因此，作为服务贸易企业，一定要有敏锐的眼光，通过建立协同发展机制，充分挖掘并利用蕴藏在货物贸易中的潜在服务机会，带动我国服务贸易的持续深化发展。

4. 大力发展与货物贸易相关的生产性服务业

在保证工业生产连续性、促进工业技术进步、提高工业生产效率等方面，生产性服务业发挥着重要作用。在当今社会发展过程中，保证企业竞争能力的关键要素是知识和技术，具备这两个因素的生产性服务行业在竞争中才更能取胜。总之，发展生产性服务业在增强服务贸易对货物贸易的推动效应方面发挥着重要作用。

5. 吸纳并培育服务贸易专业型人才

服务贸易的竞争，本质上就是人才的竞争，特别是处于核心层次、核心岗位的服务贸易专业型人才的竞争，如具有服务贸易专业素养的科研人员、金融专家和律师等。我国服务贸易之所以保持着较高贸易逆差的一个重要原因就是缺乏服务贸易的专业型人才，因此，加快吸纳和培育服务贸易专业人才势在必行。

（1）注重服务贸易专业型人才的吸纳。我国要抓住金融危机创造的人才相对过剩的机遇，在欧美服务贸易行业大量裁员之际，吸纳其中的优秀专业人士，既可以快速弥补我国专业型人才的不足，也可以为我国带来先进的管理和技术经验，从而促进我国服务贸易的发展和增强竞争力。

（2）注重服务贸易专业型人才的培育。一方面，要鼓励各级政府增加物资和人力投入，逐步建立起多层次的服务贸易人才国际培训基地；另一方面，要在高校国际贸易和国际金融等相关专业下开设服务贸易的课程，有条件的院校也可以设立相关专业。这种高校培养的方案对于我国服务贸易专业型人才的培育具有重要意义。此外，也要支持我国服务贸易行业技术人员出国交流深造，并鼓励相关专家学者从事服务贸易领域的研究工作。

参 考 文 献

［1］安辉：《现代金融危机国际传导机制及实证分析——以亚洲金融危机为例》，《财经问题研究》2004 年第 8 期。

［2］陈昶学：《次贷危机的传导机制与影响》，硕士学位论文，东北财经大学，2010 年。

［3］陈婧：《金融危机对我国服务贸易影响的实证分析及指数预警模型的构建》，硕士学位论文，河北师范大学，2015 年。

［4］陈华、赵俊燕：《美国金融危机传导过程、机制与路径研究》，《经济与管理研究》2009 年第 2 期。

［5］陈巧玲：《金融危机后我国股市的非接触性传染机制的研究——以"羊群效应"为例》，《商》2013 年第 5 期。

［6］陈茜：《全球化背景下金融危机的国际传导机制研究》，硕士学位论文，辽宁大学，2009 年。

［7］陈亚雯：《美国次贷危机对中国金融和出口企业的影响与政策建议》，《经济问题探索》2008 年第 8 期。

［8］董慧珠：《中国服务外包产业发展研究》，硕士学位论文，黑龙江大学，2011 年。

［9］邓世荣：《中国服务贸易的国际竞争力》，《世界经济与政治论

坛》2004 年第 3 期。

　　［10］范爱军：《金融危机的国际传导机制探析》，《世界经济》2001
年第 6 期。

　　［11］范恒森、李连三：《论金融危机传染路径及对我国的启示》，
《财经研究》2001 年第 11 期。

　　［12］裴平、张倩、胡志峰：《国际金融危机对我国出口贸易的影
响——基于 2007—2008 年月度数据的实证分析》，《金融研究》2009 年
第 8 期。

　　［13］冯宪辉：《次贷危机向全球金融危机扩散的传导机制》，《企业
导报》2012 年第 18 期。

　　［14］冯芸、吴冲峰：《金融市场波动及其传播研究》，上海财经大
学出版社 2002 年版。

　　［15］郭浩淼、崔日明：《后金融危机时期中国服务贸易面临的挑战
与对策》，《国际贸易》2010 年第 12 期。

　　［16］龚艳萍：《我国出口贸易结构与外国直接投资的相关分析》，
《国际贸易问题》2005 年第 9 期。

　　［17］蒋瑛、曾忠东：《美国金融危机的贸易传导机制及其对中国的
影响》，《国际贸易》2011 年第 1 期。

　　［18］雷良海、魏遥：《美国次贷危机的传导机制》，《世界经济研
究》2009 年第 1 期。

　　［19］李朝鲜、兰新梅：《试论零售商业景气扩散指数的编制与应
用》，《经济经纬》2004 年第 3 期。

　　［20］李刚、潘浩敏、贾威：《金融危机传染路径的空间统计分析》，
《统计研究》2009 年第 12 期。

［21］李桂华、张建华、周红：《统计学》，清华大学出版社 2008年版。

［22］李俊、王立：《美国次贷危机对中国出口的影响及应对策略》，《国际贸易》2008 年第 8 期。

［23］李静萍：《影响国际服务贸易的宏观因素》，《经济理论与经济管理》2002 年第 12 期。

［24］李萍：《统计指数评价方法及其在产业分析中的应用》，硕士学位论文，暨南大学，2010 年。

［25］李文婷：《国际金融危机背景下中国服务贸易的开放》，《经济与管理》2011 年第 2 期。

［26］李细满：《美国次贷危机对我国出口贸易的影响》，《商业时代》2008 年第 15 期。

［27］李晓西：《国际金融危机对中国经济增长和就业影响及对策》，科学出版社 2010 年版。

［28］李祥辉：《金融危机的产业衰退效应及其传导机制分析》，硕士学位论文，江苏大学，2010 年。

［29］李廷：《我国商品市场景气的扩散指数分析》，硕士学位论文，湖南大学，2007 年。

［30］李杨、蔡春林：《中国服务贸易发展影响因素的实证分析》，《国际贸易问题》2008 年第 5 期。

［31］李增广：《金融危机对中国出口贸易的影响及建议——基于 SWOT 视角的分析经济与管理》，《国际贸易》2009 年第 12 期。

［32］刘丽华、孙雨、杜丽娜：《后金融危机时代我国服务贸易的发展对策研究》，《服务贸易》2010 年第 4 期。

［33］刘艳艳：《金融危机背景下中国服务贸易发展的机遇与挑战》，《国际研究》2013 年第 8 期。

［34］刘莹：《从次贷危机到主权债务危机的思考——基于金融危机的国际传导理论研究》，《新财经》2010 年第 6 期。

［35］刘颖、王飞：《后金融危机时代中国服务贸易发展探讨》，《国际经贸》2013 年第 5 期。

［36］刘志强：《金融危机预警指标体系研究》，《世界经济》1999 年第 4 期。

［37］闵亮、沈悦、韩丹：《构建符合国情的我国金融危机预警指标体系》，《现代经济探讨》2008 年第 7 期。

［38］牛宝俊、李大胜、赖作卿：《亚洲金融危机对农产品贸易的影响》，《国际贸易问题》2000 年第 5 期。

［39］裘雨明：《我国证券市场股票价格指数缺陷分析》，《商业研究》2003 年第 10 期。

［40］申超：《金融危机扩散的出口贸易影响指数研究》，硕士学位论文，河北大学，2014 年。

［41］沈公律：《运用扩散指数方法对杭州楼市走势分析》，《中国房地产》2004 年第 7 期。

［42］孙宁：《美国金融危机的溢出效应探析》，《现代经济信息》2009 年第 12 期。

［43］宋子斌：《我国保险资金境外投资的必要性研究》，硕士学位论文，河海大学，2007 年。

［44］田瑾：《多指标综合评价分析方法综述》，《时代金融》2008 年第 2 期。

［45］王会强：《亚洲金融危机与美国次贷危机对我国出口贸易影响比较分析》，河北大学出版社 2013 年版。

［46］王红茹：《各地金融创新为中小企业减压》，《中国经济周刊》2008 年第 32 期。

［47］王俭：《外商直接投资与中国出口关系的面板数据分析》，《北京交通大学学报》（社会科学版）2005 年第 4 期。

［48］王庆颖：《中国服务贸易的国际竞争力实证分析》，《世界经济研究》2005 年第 1 期。

［49］王巍：《上海房地产市场的周期分析及趋势预测——基于扩散指数法的研究》，《经济咨询》2005 年第 1 期。

［50］王小平、高钟庭：《中国服务贸易竞争力分析与对策研究》，《生产力研究》2004 年第 9 期。

［51］王信：《金融危机扩散：现象、理论及政策启示》，《国际经济评论》2000 年第 6 期。

［52］王咏梅、倪海清：《金融危机条件下我国服务贸易发展分析》，《黑龙江对外经贸》2009 年第 8 期。

［53］王源昌、高原静、陈丹：《中国股市云南板块指数编制及其波动分析》，《经济问题探索》2011 年第 11 期。

［54］汪滢：《金融危机预警模型的构建——"五系统加权法"预警模型》，《西安石油学院学报》（社会科学版）2003 年第 1 期。

［55］吴晓：《国际金融危机传导机制研究》，硕士学位论文，厦门大学，2009 年。

［56］冼国明等：《中国出口与外商在华投资——1983—2000 年数据的计量研究》，《南开经济研究》2003 年第 1 期。

［57］谢碧霞：《美国金融危机对中国对外出口影响的传导机制》，硕士学位论文，复旦大学，2010 年。

［58］谢国娥：《服务贸易竞争力的多指标分析》，《江苏论坛》2008年第 10 期。

［59］谢俊源：《经济危机背景下中国服务贸易存在的问题及对策》，《外资与经贸》2009 年第 19 期。

［60］徐国祥：《我国统计指数理论和应用研究的新领域》，《统计与决策》2007 年第 10 期。

［61］薛红艳：《金融危机通过资本市场对我国经济扩散的研究》，硕士学位论文，河北大学，2014 年。

［62］易丹辉：《数据分析与 Eviews 应用》，中国人民大学出版社2008 年版。

［63］游家兴：《经济一体化进程会放大金融危机传染效应吗——以中国为样本》，《国际金融研究》2010 年第 1 期。

［64］叶茗：《基于竞争力指数的我国服务贸易国际竞争力分析》，《商业时代》2012 年第 2 期。

［65］曾五一：《中国房地产价格指数的模拟和预测》，《统计研究》2006 年第 9 期。

［66］翟晨曦：《美国次贷危机引发全球金融危机的思考》，经济科学出版社 2009 年版。

［67］张凯敏：《金融危机扩散指数及其实证研究》，硕士学位论文，河北大学，2010 年。

［68］张丽：《金融危机传染机制及其对中国的启示》，硕士学位论文，中国农业大学，2005 年。

［69］张桥云、吴静:《美国住房抵押贷款市场:风险转移与回流、扩散与放大机制——兼论美国次级贷款危机的形成原因》,《经济学家》2009 年第 2 期。

［70］张元萍、孙刚:《金融危机预警系统的理论透析与实证分析》,《国际金融研究》2003 年第 10 期。

［71］张志波、齐中英:《基于 VAR 模型的金融危机传染效应检验方法与实证分析》,《管理工程学报》2005 年第 19 期。

［72］张志强:《中国粮食生产景气指数系统的扩散指数分析》,《北京农学院学报》2001 年第 16 期。

［73］赵国华、张庆、王艳芳:《基于美国模式的第四代金融危机理论探析》,《经济师》2010 年第 2 期。

［74］朱波、范方志:《金融危机理论与模型综述》,《世界经济研究》2005 年第 6 期。

［75］中国科学院金融避险对策研究组:《亚洲金融危机对我国进出口贸易的影响》,《统计研究》1999 年第 6 期。

［76］中国人民大学经济研究所:《中国宏观经济分析与预测》,中国人民大学出版社 2009 年版。

［77］中国银行国际金融研究所课题组:《金融危机检测指标体系研究》,《国际金融研究》2010 年第 3 期。

［78］钟惠芸:《金融危机对中国出口贸易的影响及其对策》,《消费导刊》2008 年第 12 期。

［79］郑吉昌、周蕾:《中国服务业国际竞争力的指标评价》,《经济问题》2005 年第 11 期。

［80］周盼:《美国金融危机传染路径的选择》,硕士学位论文,厦

门大学，2009 年。

[81]薛红艳：《金融危机通过资本市场对我国经济扩散研究》，硕士学位论文，河北大学，2014 年。

[82]申超：《金融危机扩散的出口贸易影响指数研究》，硕士学位论文，河北大学，2014 年。

[83]陈婧：《金融危机对我国服务贸易影响的实证分析及指数预警模型的构建》，硕士学位论文，河北师范大学，2015 年。

[84]张凯敏：《金融危机扩散指数及其实证分析》，硕士学位论文，河北大学，2011 年。

[85] Amir Saeed Nooramin, Sajjad Abdi, "Evaluating the Effects of Economic Recession on Iranian Shipping Market", *Molecular Phylogenetics & Evolution*, 47(1), 2008.

[86] Baig T. and I.Goldfajn, "Financial Market Contagion in Asian Crisis", *IMF Staff Paper*, Vol.46, No.2, 1999.

[87] Balassa, "Trade Liberalisation and 'Revealed' Comparative Advantage", *Manchester School*, 33(2), 1965.

[88] Balassa, "U.S. Trade Policy towards Developing Countries", *Policy Research Working Paper*, 1989.

[89] Baneriee, "A Guide to FRB/US, a Macroeconomic Model of the United States", *Macroeconomic and Quantitative Studies*, Version1.0, October 1992.

[90] Buiteretal, "On Currency Crises and Contagion", *International Journal of Finance and Economics*, (8), 2003.

[91] Calvo, "A Gulllermo, Capital Flows and Capital Market Crises: The Simple Eeonomics of Sudden Stops", *Journal of Applied Economics*, Vol.1,

November 1998.

［92］Calo and Reinhart, "Capital Flows to Latin America: Is there Evidence of Contagion Effects", *The World Bank Policy Research Working Paper*, 1999.

［93］Carlsson, van-Damme, "Global Pay off Uncertainty and Risk Dominance", *Econometrica*, 1989.

［94］Calvo, G.A., "Staggered Prices in Utility Maximizing Framework", *Journal of Monetary Economics*, (12), 1983.

［95］Chor, Davin & Manova, K., "Off the Cliff and back? Credit Conditions and International Trade during the Global Financial Crisis ", *Journal of International Economics*, Vol. 87(1), 2012.

［96］Coughlin, C.C.,& Pollard, S.P., "State Exports and the Asian Crisis", *Retrieved*, March 20, 2009.

［97］Demyanyk, Y.& Hemert, O. V., "Understanding the Subprime Mortgage Crisis", *SSRN Working Paper*, (12), 2008.

［98］Dobromi Serwa, Martin Bohl, "Financial Contagion Vulnerability and Resistance: A Comparison of European Stock Markets", *Economic Systems*, 29(3), 2005.

［99］Barry Eichengreen, Andrew. K. Rose, Charles Wyplosz, "Contagious Currency Crises", *The Scandinavian Journal of Economics*, 1996.

［100］Forsbes, Rigobvn, *Central Banking in Theort and Practil*, MIT Press, 1998.

［101］Francesco Caramazza, Luca Ricci, Ranil Salgado, "International Financial Contagion in Currency Crises", *Journal of International Money &*

Finance, 23(1), 2004.

［102］Gunawardana, P., "The Asian Currency Crisis and Australian Exports to East Asia", *Economic Analysis and Policy*, 2005.

［103］Gnan, EMooslechner, P., "The Impact of the Financial Crisis on the Real Economy in Austia–Analytical Challenges from Exceotional Factors", *Monetary Policy and The Economy*, (4), 2008.

［104］E.Warren, A.W.Tyagi, *The Two Income Trap: Why Middle–class Mothers and Fathers are Going Broke*, New York Basic Books, 2003.

［105］Goldstein, Pauzner, "Contagion of Self–fulfilling Financial Crises due to Diversification of Investment Portfolios", *Journal of Economic Theory*, 119(1), 2004.

［106］Glick, R. A.K.Rose, "Contagion and Trade, Why are Currency Crisis Regional", *Journal of International Money and Finance*,(18), 1999.

［107］Haile, F.&Pozo, "Currency Crisis Contagion and the Identification of Transmission Channels", *International Review of Economics and Finance*, (17), 2008.

［108］Ingo Borchert, Aaditya Mattoo, *Global Patterns of Services Trade Barriers–New Empirical Evidence*, World Bank Mimeo, 2010.

［109］Itay Goldstein, Ady Pauzner, "Contagion of Self–fulfilling Financial Crises due to Diversification of Investment Portfolios", *Journal of Economic Theory*, 119(1), 2004.

［110］Kaminsky, G.L. & Reinhart, C.M., "On Crises, Contagion, and Confusion", *Journal of International Economies*, (51), 2000.

［111］Kaminsky, Reinhart, "The Twin Crises: The Causes of Banking and Balance–of–Payments Problems", *American Economic Review*, (89), 1996.

［112］Kodres, Pritsker, *Directionally Similar Position Taking and Herding by Large Futures Market Participants*, Proceedings, 1995.

［113］Kyle, Xiong, "Contagion as a Wealth Effect", *Journal of Finance*, 56(4), 2001.

［114］Liu, Weidong, Pannell, C. W. & Liu, Hong Guang, "The Global Economic Crisis and China Foreign Trade", *Eurasian Geography and Economics*, No.5, 2009.

［115］M. Allen, C.B. Rosenberg, C. Keller, B. Setser, N. Roubini, "A Balance Sheet Approach to Financial Crisis", *IMF Working Papers*, 02(210), 2002.

［116］Mankiw, Gregory, Ricardo Reis, "Pervasive Stickiness", *American Economic Review*, 96(2), 1992.

［117］Masson, P., "Contagion: Macroeconomic Models with Multiple Equilibria", *Journal of International Money and Finance*, (18), 1999.

［118］Mchkinnon, R., "Trapped by the International Dollar Standard", *Journal of Policy Modeling*, (27), 2005.

［119］Nicola Erma, "Marden Some Robust Estimates of Principal Components", *Statistics & Probability Letter*, (43), 2009.

［120］Nobuhiro Kiyotaki and John Moore, *The Journal of Political Economy*, The University of Chicago Press, Vol.105, 1997.

［121］Schinasi, Smith, "Financial Implications of the Shrinking Supply of U.S., Treasury Securities", *Social Science Electronic Publishing*, 01(61), 2001.

［122］Sims, Christopher A., *Rational Inattention a Research Agenda*, Princeton University, March 2006.

［123］Willenbockel, D. & Robinson, S., "The Global Financial Crisis,

LDC Exports and Welfare: Analysis with a World Trade Model”, *MPRA Paper*, (5), 2009.

［124］Zihui Ma, Leonard Cheng, “The Effects of Financial Crises on International Trade”, *Nber Working Paper*, 2003.

后　记

本书为国家社会科学基金一般项目"金融危机扩散指数的编制与应用研究"（13TJ014）的研究成果，本书的出版同时也收录了课题组成员最近几年发表在《统计与管理》《河北学刊》《河北金融》以及硕士学位论文等期刊上的阶段性成果，并对这些成果进行了梳理和总结。

本书以全球金融危机传导机制为依据，首次编制金融危机扩散指数，探寻综合评价某一国家或全球金融危机爆发后对另一国家影响和扩散程度的新方法。本书不仅论证了美国次贷危机对我国经济存在的扩散效应，还建立了金融危机预警指数，用于分析我国中短期内发生金融危机的可能性及相应的预警区间。

本书将为我国及时公布金融危机扩散指数，深入分析金融危机对我国经济的主要影响路径，以及对国民经济各行业、各区域的影响程度，为应对今后可能发生的全球金融危机，提供定量化的、有针对性的决策依据。这对未来我国对国际金融危机影响的监测和预防都具有一定的实践意义和应用价值。

本书对我国近期各预警指标的变动趋势与波动幅度的现实数据进行实测、检验与评估。希望为完善金融危机扩散指数体系，探索金融危机影响的监测和预防提供微薄之力，也希望能够进行更多的后续研究。

　　本书是参与课题研究和书稿编写工作成员集体智慧的结晶：户艳领、王会强、张敏丽、薛红艳、申超、刘哲言、陈娜、陈婧、张洪源、刘金泽、石小玲、张雅茹、吴祎帆、蒋雨桐、刘少丹、李赛、杜锦锦、张婉双、赵嘉等依据课题分工，发挥各自专长，在调研组织、数据搜集整理、文献研究、数据分析及实证检验、报告和书稿撰写等部分作出大量努力。同时，本书能成功成稿，并顺利出版，感谢陈志国教授给予了非常重要的支持和帮助。姚敏奇、任宁等研究生也为课题研究作出了重要贡献，向他们表示谢意的同时，也希望他们学有所成、学有大成。

　　感谢我的家人，书稿完成期间为我提供各种便利条件，使我能够将全部精力投入到调研和写作中，没有了后顾之忧。

责任编辑：吴焰东

封面设计：王欢欢

图书在版编目（CIP）数据

金融危机扩散指数的编制与应用研究/顾六宝 等 著. —北京：人民出版社，
　2019.7

ISBN 978－7－01－020038－5

Ⅰ.①金… Ⅱ.①顾… Ⅲ.①金融危机-研究 Ⅳ.①F830.99

中国版本图书馆 CIP 数据核字（2018）第 262103 号

金融危机扩散指数的编制与应用研究

JINRONG WEIJI KUOSAN ZHISHU DE BIANZHI YU YINGYONG YANJIU

顾六宝 等 著

人民出版社 出版发行

（100706 北京市东城区隆福寺街 99 号）

中煤（北京）印务有限公司印刷 新华书店经销

2019 年 7 月第 1 版 2019 年 7 月北京第 1 次印刷

开本：710 毫米×1000 毫米 1/16 印张：13.75

字数：160 千字

ISBN 978－7－01－020038－5 定价：55.00 元

邮购地址 100706 北京市东城区隆福寺街 99 号

人民东方图书销售中心 电话（010）65250042 65289539